RITSUMEIKAN GLOBAL INNOVATION RESEARCH ORGANIZATION
R-GIRO

環太平洋文明叢書②

日本神話と長江文明

雄山閣

本書を稲盛和夫先生に献呈いたします

日本神話と長江文明　目次

本書で論じる関連地名・遺跡位置図

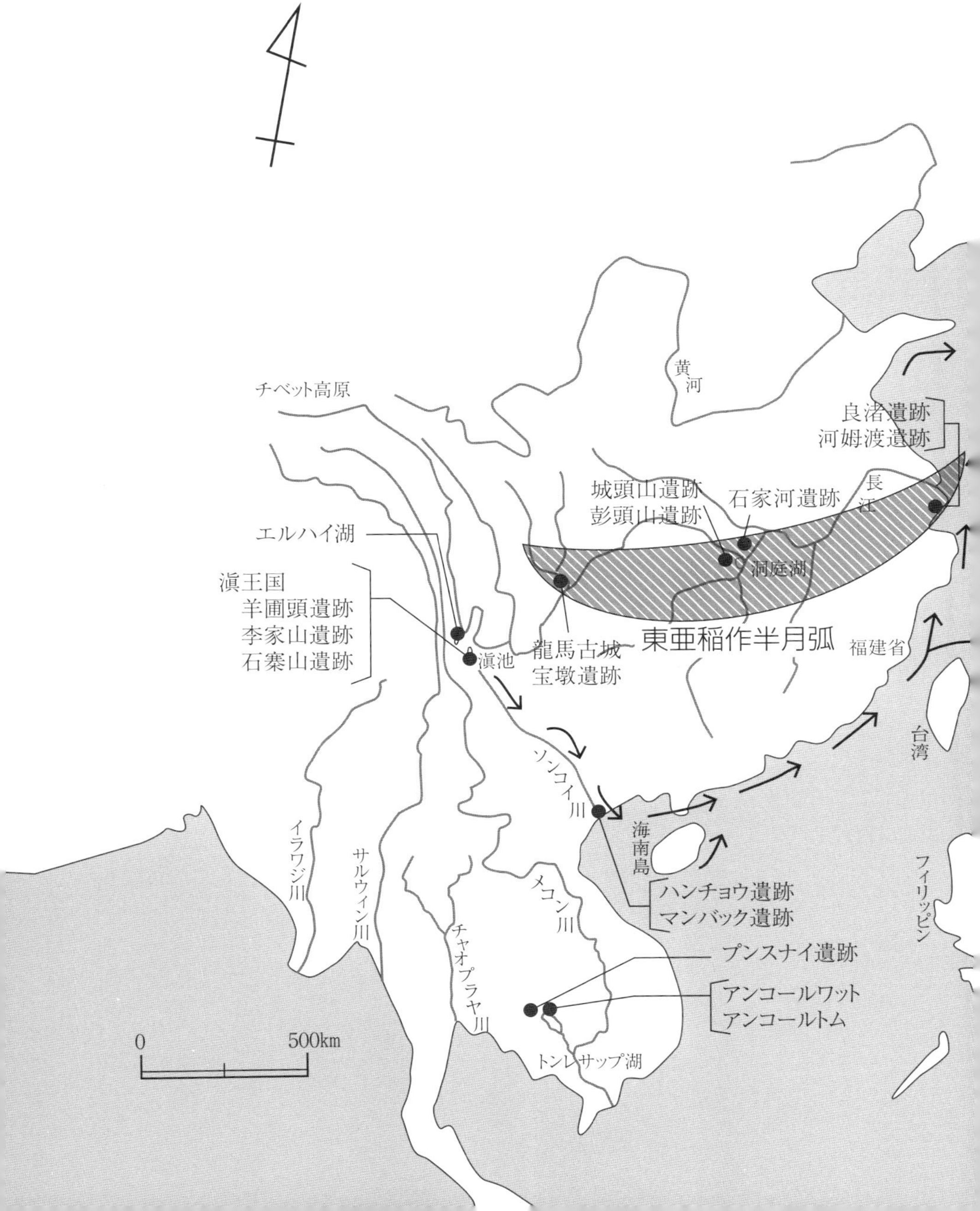
黄河
チベット高原
良渚遺跡
河姆渡遺跡
長江
城頭山遺跡
彭頭山遺跡
石家河遺跡
エルハイ湖
洞庭湖
滇王国
羊圃頭遺跡
李家山遺跡
石寨山遺跡
東亜稲作半月弧
龍馬古城
宝墩遺跡
滇池
福建省
台湾
ソンコイ川
海南島
イラワジ川
サルウィン川
メコン川
ハンチョウ遺跡
マンバック遺跡
フィリッピン
チャオプラヤ川
プンスナイ遺跡
アンコールワット
アンコールトム
0
500km
トンレサップ湖

はじめに

日本神話は稲作漁撈民の神話である。長江文明の発見によって、日本神話の解釈を根本的に変更せざるを得なくなった。本書では、日本神話が長江文明を胚胎した稲作漁撈民の神話であることを指摘する。

これまで研究者は、黄河文明と朝鮮半島経由の文化とのかかわりのなかで日本神話を研究したり、東南アジアの諸文明との関係で日本神話を論じてきた。もっとひどいのは研究者の勝手な思いつきで日本神話を解釈したりしていた。

だが黄河文明は畑作牧畜民の文明であり、いくらあがいても、黄河文明と朝鮮半島とのかかわりを通して見ている限り、日本神話の真髄は理解できない。また東南アジアの稲作漁撈文明は、長江文明の影響のもとに発展した二番煎じの稲作漁撈文明であり、本家本元の長江文明から考えることが本筋である。

神話を持っていることは日本人の誇りでもある。民族の原点・民族の心がはっきりしているということである。世界の民族の中で、文字として記録された神話を持っている民族はけっして多くない。人類文明史のなかで、日本神話はギリシャ神話以上の価値さえ有しているのである。ギリシャ神話が畑作牧畜民の神話の代表とすれば、日本神話は稲作漁撈民の神話の代表なのである。

東の空から昇る太陽は稲作漁撈民のシンボルである。あらゆる地球の生命《いのち》あるものは、まさに太陽の力によって守られている。その太陽こそが、稲作漁撈民のシンボルなのである。日本人の心の原点、生命《いのち》の源が、太陽なのである。それを国旗として日本国のシンボルにしているのである。これほどすばらしい国旗はないと私は思う。なぜ、その国旗のすばらしさを、小学校や中学校で子ども達に教えてはいけないのか。なぜ国旗を掲揚してはいけないのか。

子どもは未来に生きるのである。未来を生きる子どもを育てる学校は、たえず時代の最先端を走り、先生は時代の最先端の精神を敏感に感じ取り、未来を見つめて生きなければならない。過去のしがらみに拘泥するあまり、反省をくりかえすあまり、豊かな可能性のある子ども達の未来を閉ざしてはいけない。

二一世紀の地球環境問題や民族紛争で危機に直面するであろう国際社会を、誇りと勇気と希望を持って生き抜く力を日本の子ども達に与えるためにも、日本神話を子ども達に語り伝えていただきたいと思うのである。日本神話こそ、稲作漁撈民の子孫としての日本人の心の原点を形成するものなのである。その日本神話を子ども達に伝え、日本人として、この地球環境問題にあえぐ国際社会を、力強く生き抜く心を育成することが必要なのである。現代社会を生きる大人達はもとより、日本の未来を担う子ども達に、稲作漁撈民の日本神話の心を伝えたい。それが本書の願いなのである。

日本神話は日本文化の真髄のみでなく、日本的経営にいたるまで、日本民族の心の在り方に深く関わっているというのが私の信条である。京セラ株式会社の監査役にしていただいた時も、稲盛和夫先生は「君は良心を語ればいい」とおっしゃった。「良心を語れ」これは稲盛和夫先生の経営哲学の根幹を形成する言葉であると私は思う。

企業は何のために存在するのか。それは従業員の幸せと全世界の人類の幸せのために存在する。リーマンショックの最大の危機の時にも、一人のリストラをも行なうことなく、京セラ株式会社の社員は、給料をお互いにシェアーして耐えた。

こうした経営哲学がＪＡＬのＶ字回復となって高く評価された（弘頭麻実編『ＪＡＬ再生』日本経済新聞社、二〇一三年）。稲盛和夫先生は全く無給で京都と東京の間を毎週往復されていた。

私は稲盛和夫先生の作られた「京セラフィロソフィの浸透度合いを監査項目に入れてはどうか」というとんでもない提案を、稲田二千武監査役とともに行なった。そうしたら鹿野好弘常勤監査役・前耕司常勤監査役らがそれを本気で実施してくださった。二〇一三年から京セラグループ会社の監査重点項目にこれが取り上げられた。その結果、稲盛和夫先生の作られた「京セラフィロソフィ」をまじめに実行している会社ほど営業成績がいいことが分かった。こんなことを監査項目に入れている企業は、世界広しと言えども京セラ株式会社ぐらいであろう。

今や「京セラフィロソフィ」は中国でも高く評価されている（伊丹敬之『日本型ビジネスモデルの中国展開』有斐閣、二〇一三年）。「京セラフィロソフィ」は同じ人間である以上、中国人でも日本人でも共感するはずである。そうあってほしいという願いもある。人間として誰からも尊敬され、清く正しく真摯に生きることは、学問の世界も企業の世界も同じだし、中国人も日本人も同じだというのが最近の私の偽らざる心境である。

一見弱いように、甘いように見える「良心」。それが何よりも強いのである。腹黒経済学よりも何よりも「良心」が強いのである。そのことにもし中国の経営者が目覚めはじめたとすれば、人類の未来に光明がさしてきた気がする。

思い返せば、私の『世界史のなかの縄文文化』（雄山閣、一九八七年）は、広島大学総合科学部で学部長殺人事件が起き、同じ職場の疑わしきものに対して事情聴取があり、刑事さんが毎日研究室にやってくる中で、どこにも行けないので、これまでの原稿を整理して書いた本であった。この『世界史のなかの縄文文化』を見て、梅原猛先生が私を国際日本文化研究センターの助教授に採用してくださり、私の人生は開いた。

今回の『日本神話と長江文明』は、自らの命の危機に直面した時に書いた本である。手術をして私の命を救ってくださった堀江重郎先生が、じつは稲盛和夫先生の経営哲学に深く傾倒され、盛和塾塾生にまでなっておられたのである。私は「生き方」だけではない「命」まで助けられたという気持ちである。

これからも稲盛和夫先生の教えである「利他の行」と「世のため人のために生きる」ことを志していきたいと思う。

本書を長年にわたってご指導いただいている稲盛和夫先生に献呈し、そのご厚情に感謝の気持ちをささげたい。

安田　喜憲

第I章　蛇がもたらした女民俗学の誕生

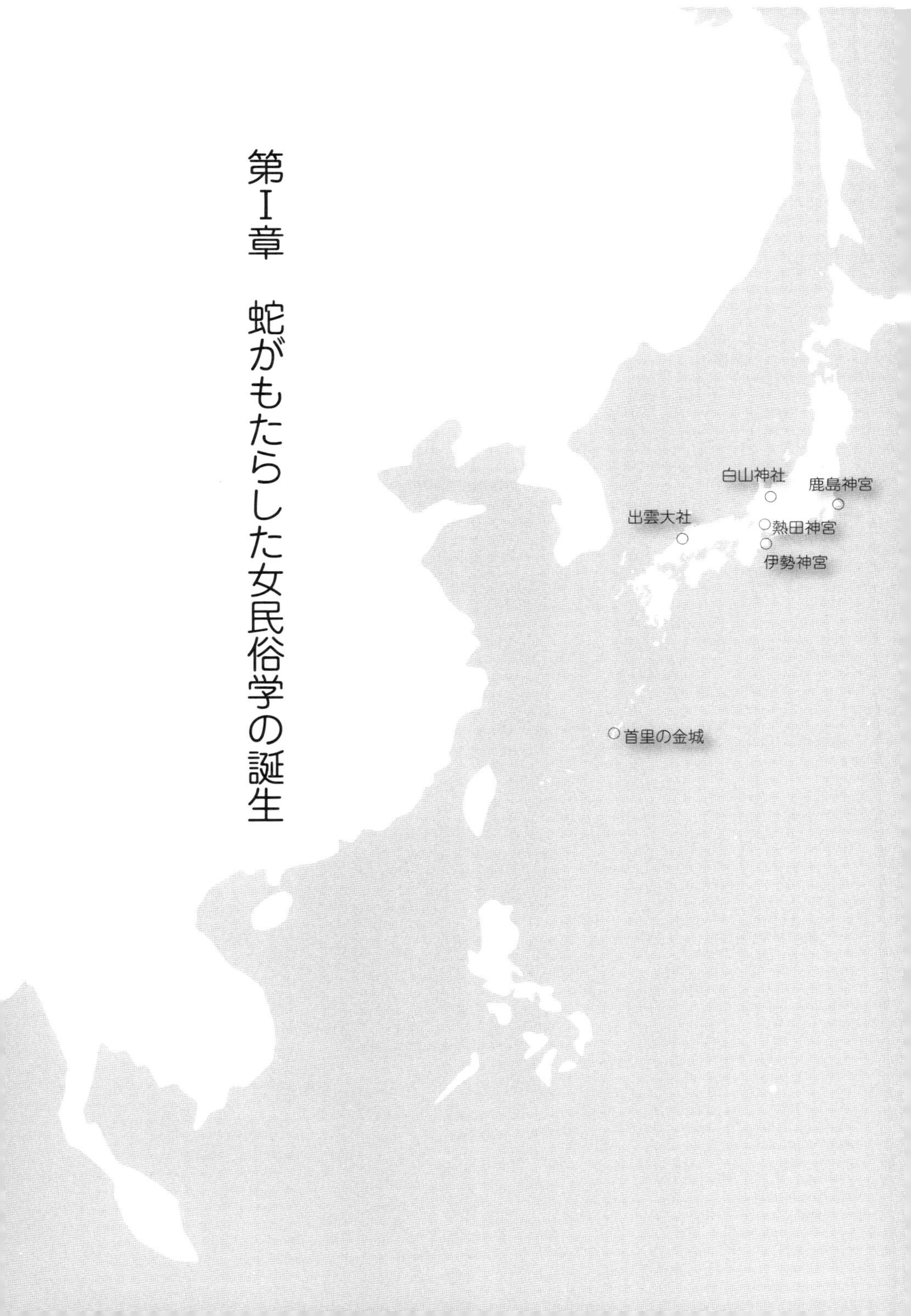

一　注連縄は蛇だった

「安田さん注連縄は蛇よ！」

「安田さん注連縄は蛇よ！」。この吉野裕子先生の一言によって、私の研究者としての人生は大きく変わった。

地中海文明研究の途上、二匹の蛇が絡み合った彫像や絵画が、古代ギリシャ・ローマ文明の遺跡のいたるところで見られた。「なぜこんなものを飾るのか。絡み合う二匹の蛇にはどんな意味があるのか」、ずっと気にしていた。ラオコーンの彫刻（図1）は衝撃だった。蛇が人間をしめ殺そうとする様は迫真に満ちていた。

吉野裕子先生にはじめてお会いしたのは、国際日本文化研究センターで開催されていた伊東俊太郎先生の共同研究会の席上だった。国際日本文化研究センターでは全国の一流の研究者を集めて定期的に共同研究を行なっていた。当時助教授だった私は、伊東先生の共同研究会の幹事として参加させていただいていた。

吉野先生をご紹介くださったのは伊東俊太郎先生だった。小柄で私より三〇歳も年上とは思えないほど元気で上品な方だった。「さぞ若いころには多くの男性をとりこにするほど魅力あふれた人だっただろうな」と思った。

図1　トロイの神官ラオコーン父子が大蛇に絞殺される所を彫刻したラオコーン像

古代地中海の人々がなぜこのような彫刻をしたのかずっと気になっていた（イタリア、バチカン美術館）。

研究会が終わって懇親会の席上で、吉野裕子先生の横に座らせていただいていた私に、吉野先生は突然「安田さん注連縄は蛇よ！」という短いけれど力強い一言を発せられた。その一言によって、私の研究者としての人生は大きく変わった。そしてそれまで見えなかった世界が眼前にパッと開けてきたのである。

注連縄は二匹の絡み合う蛇だった。二匹の絡み合う蛇の姿は、オスとメスの蛇が交尾しているところだった。それが聖なるものとして崇められたのは、交尾の時間が長いためだった。一五～一六時間も注連縄のように絡み合って、激しく愛をかわすその姿は豊穣のシンボルだったのである。

そして蛇は脱皮する。それは生まれ変わる生命の再生と循環のシンボルだった。日本人の魂の根幹を形成するものは蛇であり、その共通した世界観は太平洋の向こう側のマヤ文明にもある。そんなことを、吉野先生はすでに一九七〇年代に指摘されていたのである[1]。

「ああそうか、私がトルコやギリシャさらにはシリアやレバノンで見たあの二匹の絡み合う蛇は、注連縄と同じ豊穣のシンボル、再生と循環のシンボルだったのか。これまでまったく異質の文明と思っていた古代地中海文明も、日本人と同じ世界観、アニミズムの世界観、多神教の世界観を持っていたのか」、「しかし、現在の地中海世界を席巻しているのは一神教のイスラム教のモスクであり、キリスト教の教会ではないか」。

「古代地中海の多神教の世界はどこに、なぜ消えたのか。なぜ古代地中海のアニミズムの世界・多神教の世界は、イスラム教のモスクやキリスト教の教会にとって代わられたのか」。

パルテノン神殿やミロのビーナスをつくった人々と、現代の地中海沿岸の人々の世界観は根本的に相違しているのではないか。多神教の神々、大地母神の神々を崇拝した古代地中海の人々は、なぜ多神教の世界を放棄したのか。いやひょっとすると多神教の世界を放棄したことと古代地中海文明の崩壊は、どこかで関係しているのではないか。

それは私にはショッキングな出来事だった。なぜなら私はキリスト教を原理とするヨーロッパ文明に強くあこがれ、ヨーロッパ文明の母たる古代地中海文明の研究に青春をささげてきたからである。

「万人への愛を原点とするキリスト教が、実は多神教を弾圧する闇を持っていたのではないか。自由・平等・博愛のシンボルとしてだれしもが信じて疑わず、私も強くあこがれたキリスト教世界の文明は、実は闘争的な不寛容の文明だったのではないか」。

私は悩んだ。そこで私は、これまであまり気にかけなかった地中海沿岸の人々の心の変遷と森の変遷との関係を洗いなおしてみた。

その結果、たとえばアテネ郊外のコパイ湖の花粉分析の結果[(2)]からは、ギリシャ文明が繁栄した時代に、周辺は落葉ナラとマツの混交林に覆われていたことがわかった。しかし、今、コパイ湖周辺の山々は石灰岩の岩肌が露出したはげ山になっている。コパイ湖の西には古代ギリシャ最大の聖地デルフォイがある。現在はそのデルフォイの神殿は、はげ山のなかに廃墟として残っているが、神殿が崇拝された時代には、神殿は聖なる森に囲まれていたのである。

一神教の拡大の中で古代地中海の多神教の文明は崩壊した。それだけではない。キリスト教の拡大によって多神教の聖地を守っていた森も破壊されたのである。

自由・平等・博愛の宗教としてあこがれていたキリスト教が、実は他の宗教を排撃し、自然を支配し、森を破壊する文明の闇を一面において持っていたことを知って、私は驚愕した。私は震える手でキリスト教文明の闇を告発する『大地母神の時代[(3)]』を書いた。

この吉野先生との出会いによって、花粉分析という自然科学の分野から、まったく予想もしていなかった人類文明史における蛇信仰やアニミズムの研究に、私は深く傾倒していくことになったのである。

二　吉野裕子の女の闘い

孤立無援の女の世界

今日においてこそやっと女性の研究者が増加しつつある。しかし、明治以降、近代化の波の中で欧米から輸入された学問は、いずれの科学もキリスト教の父権主義を背景にしていた。このために、それを正直に受け取った日本では、学問研究の分野において、女性が活躍する場はきわめて少なかった。

ましてや、女性の視点から日本の民俗学を論じるような研究は、まったく軽視された。欧米流の男中心の視点による日本民俗学の研究がなされてきた。そうした中で、吉野裕子先生は女性の民俗学者として、女の視点から見た民俗学や日本神話の研究の重要性を指摘され続けてこられたのである。

吉野先生のフィールドは沖縄からはじまった。一九六八年のことである。「沖縄には日本の古代がそっくり沈んでいる」、というのが吉野先生の直感だった。

吉野先生の著書に、[1]「昔、首里の金城というところに人を喰う鬼がいる、といううわさが立った。女が出かけて行って、普通の餅を鬼の前で食べてみせると同時に、陰部を出して見せた。鬼がその下の口は何をする口か、と聞くと、女は即座に、「上の口は餅を食う口、下の口は鬼を食う口」と答えた。これを聞いて鬼は驚いて崖から下へころげ落ちて死んだ」という鬼餅の起源の話を聞かれて、吉野先生は「あら女のそれって、そんなにこわいものかしら」と質問されるところが、リアルに描かれる。[1]

一九六〇年代の吉野先生は女性の色香もにおう妖艶な女であられた。その美しい女性から「あら女のそれって、そんなにこわいものかしら」という発言が、堂々と民俗学研究の本の中に書かれているのである。おそらくそれを読んだ男性の民俗学者は、学問の世界からかけ離れた猥雑性を連想したにちがいあるまい。

沖縄の神は御嶽《うたき》にまつられる。この御嶽こそ日本の神社の祖形をなすものである。御嶽の一番奥は大岩が三角形をなして割れている。それを見られた吉野先生は、「御嶽は結局女人のそれ以外のなにものでもない」と直感される。「人間の生誕は女だけでは起こりえない。もし御嶽が女の象徴なら、男を象徴するものがあるはずだ。それは御嶽のご神木のビロウの木ではないか」。

ビロウの木は亜熱帯植物のヤシノキの仲間で、太い幹の頂部に扇状の葉が茂る。そのビロウの木を見て、吉野先生は男根のシンボルではないかと指摘されたのである。「ビロウの古木は、いずれも太い幹をこころもち傾けさせて、砂地からむっくり立ち上がっている。私はなつかしさに堪えられなかった」と述べておられる。実に正直な人である。

「男根は生命の根源となるものだから霊力の高いものだった。それを象徴するビロウはやはり霊力が高く、ビロウの木は樹木以上の何かと考えられたのである」と書いておられる[1]。

「御嶽の中心部分には「イビ」と呼ばれる神の降りられる聖域があり、それはまさに女性を象徴するものである。ビロウの木とイビを中心とする御嶽の共存は、まさに女陰と男根の合体を示しているのだ」。

「伊勢神宮をはじめとする心の御柱は、まさに御嶽のビロウの木であり、その心の御柱の下の大地こそイビなのである。御柱と大地の結合は、男根と女陰の結合だ[1]」。

しかし一九七〇年代の日本の学界において、こうした女性の指摘がまともにとりあげられるはずはなかった。女性の研究者をまともに扱わない風潮の中で、多くの男性の民俗学者は、吉野先生のこの指摘を卑猥な猥談程度に軽く見なして、完全に学界からは黙殺した。

女民俗学の確立

だが多くの民俗祭祀は豊穣の祭りごとである。豊穣の儀礼は性の営みであり、そこでは生命を誕生させる女性がもっとも大きな役割をはたしたはずである。しかも、ながらく稲作漁撈文明の母権制の伝統のもとにあった日本においては、民俗の祭祀は女性の性というものと密接不可分にかかわっていたのである。そこには、女性の感覚でしか理解できないものが、山のように隠されているのである。

にもかかわらず、明治以降の欧米のキリスト教の父権主義のもとに育った近代的民俗学を導入することにやっきになった日本の学界では、そうした女性の視点をまったく軽視した。民俗学の中から女性の性や妖艶さを取り除くことが科学的であるとさえ考えていた。柳田国男や折口信夫の民俗学は男の世界の民俗学であり、女の世界を欠如していた。

しかし、日本文明の根幹には女性の性が深くかかわっているのである。日本文明の原点である縄文時代の土偶が九九パーセント女性であるように、縄文の社会は、生命を誕生させる女性中心の社会であった。つづく稲作漁撈社会も女性中心の社会である。雲南省や貴州省に暮らす少数民族のハニ族、ミャオ族、イ族、トン族など稲作漁撈に生業の中心を置く人々は、今でも女性中心の母権制社会の伝統を強く残している。日本でも平安時代までは妻問婚が一般的であり、母権性文明の伝統が残っていた。

こうした母権制社会の伝統に立脚した縄文と稲作漁撈の文明を強く継承する日本の民俗事例を研究するには、女性からの視点が必要不可欠なのである。

巫女の心がわからなければ、日本の民俗祭祀の本当の意味はわからないのである。「神を降臨させること、つまり、まつりは巫女の心身の奮闘によってなしとげられる。人の生誕は「性」に深く関係する。巫女たちの必死の緊張のうちにこそ神は顕現される。もし巫女として生まれついたなら、私もその祭儀を身体をはって執り行なったろう」と吉野先生は書いておられる[4]。

吉野先生は日本民俗学会の最初の巫女だったのではないか。その巫女の言葉をもっともっと敬虔に真摯に、日本の男性の民俗学者は学ぶべきであった。「この本が興味本位に読まれるとしたらつらいことだ[5]」と、吉野先生は述べておられるが、男だらけの日本民俗学会では、この吉野先生の真意は本当には理解されることはなかった。日本の民俗学が女性の視点を取り入れ、柳田や折口の男民俗学から女民俗学が確立された時に、はじめて、日本民俗の真我、日本文明のエートスが理解されることになるのであろう。

その時のために、このたびめでたく吉野裕子全集[6]が刊行され、先生の業績が後世に伝えられることができるようになったことは、まことにありがたいことである。先生のくめどもつきないご研究の全貌を後世に残し、女民俗学が確立される時まで、その業績を伝えることができるのは、まことに喜びにたえない。

その背景には人文書院という京都の小さな出版社と、谷誠二氏というたぐいまれなる編集者の存在があったからできたことでもある。

三　日本文化の深層にせまる女性の視点

東西軸から南北軸への変更

吉野裕子先生は『隠された神々[7]』の中で、「古代日本の文明原理には、太陽の運行から類推された東西軸を神聖視する思考があった」と指摘される。それは生命の永遠性を保証する軸であり、その中央に熱田神宮が置かれた。熱田神宮は東の鹿島神宮、西の出雲大社の中間に位置し、日本の国土の中央に位置した。ところがこの古代日本の東西軸に、七世紀に百済を経由して中国大陸から伝来した陰陽五行の南北軸が追加される。その南北軸がもっとも盛行したのは天武朝だった。たとえば、天武天皇が制定された「式年遷宮」において、伊勢神宮の内宮の社殿は二〇年ごとに西から東へ、そして東から西へと移される。それはまさに、古代日本の太陽信仰に立脚した東西軸を重視する神のあり方・生命の永遠性を示すものだった。ところが「内宮の西御敷地の真北に荒祭宮《あらまつりのみや》がある、これは陰陽五行説における北の坎宮《かんきゅう》に匹敵する幽《かく》れの宮であり、陰陽五行の生命の再生の思想を反映したものだ[7]」と吉野先生は指摘される。

東西軸は太陽への信仰、南北軸は星への信仰である。

アマテラスオオミカミだけを信奉していた古代日本の東西軸の世界観に、陰陽五行の南北軸の世界観が導入された。つまり太陽を崇拝する世界観に、星を崇拝する世界観が追加されたのである。「東西軸の神と人間の関係は横の関係だった。ところが南北軸の神と人間の関係は天と地の縦の関係になった[7]」と言う。とりわけ天武天皇は、「陰陽五行の世界観に立脚した中国皇帝像に自分自身の姿を重ねあわせようとしたのだ」と吉野先生は指摘されている。

こうした東西軸から南北軸への世界観の転換は畑作牧畜民[8]の中国の黄河文明のみでなく、エジプト文明においてもはっきりと認められる。これら畑作牧畜民の地域では、太陽信仰が星の信仰に完全に置き換わる。ところが稲作漁撈民の古代日本においては、陰陽五行の南北軸の星への信仰は、絶対的な太陽信仰の東西軸にとって代わるほどの力はなかった。太陽信仰が星の信仰に完全に置き換わることはなかったのである。古代日本においては、新たに伝来した陰陽五行の星の信仰は、在来の太陽信仰に習合されたのである。

蛇信仰やアニミズム・山への信仰・女性中心の文明原理などとともに、ここに日本文化の特色が語られている。日本文化の特色は新たにやってきたものが、これまであったもののすべてを飲み尽くすというのではなく、在来のものが新たにやってきたものを受け入れ習合する。「これこそが日本を日本たらしめている力なのである」と私は思う。

そこには、太陽を中心とし、生きとし生けるものの生命の永遠性を保証する稲作漁撈民の世界観は、星を中心とする人間中心主義の装いを持った畑作牧畜民の陰陽五行の世界観に、まさるとも劣らない人類普遍の世界観なのだということが語られている。

本との出会い・人との出会い

本との出会いは人との出会いでもある。花粉分析による気候変動や森林の変遷の復元というまったく自然科学的な分析作業にたずさわっていた私が、吉野先生の学問に出会うことによって、まったく新たな学問の世界に足を踏み入れることになった。

すくなくとも二〇年前までは、私の研究室に私の本を読んで感動して、私のところで研究したいという学生がやってきた。そうした精神は今の若者にも生き続けていてくれることを願いたい。最近ではお年をめされた方が、私の本を読んで感動したので一度会いたいというお申し入れはあるが、若者からの申し入れはすくなくなった。私の説が若者に響かなくなったのかもしれないが、なによりも若者が本を読まなくなった。

一冊の本との出会いが人生を変える。そんなことは最近の若者にはもう起こりえない現象なのだろうか。本にこだわるのは老眼で十分に活字さえ読めない老人の一種のノスタルジアにさえなりつつあるのだろうか。

若い頃に人生の方向を決定したり感動したりする本に出会った。本は人生の宝物だった。そんな時代から、本が読み終わったらポイ捨てされ、ゴミにさえなりつつある現状に危機感を覚えるのは私一人ではあるまい。本との出会いは人との出会いでもある。本との出会いを大切にしなくなった現代の世相は、人との出会いも大切にしなくなったのではあるまいかとさえ思えてならない。

女民俗学が確立される日は近い

吉野先生に最後のお別れに行ったのは二〇〇八年二月だった。死期が近いと思った。それでも吉野先生は最後の力を振り絞って私の手をしっかりとにぎってくださり、「ありがとう」とおっしゃってくださった。吉野先生は『吉野裕子全集全12巻』[6]を校了され、力尽きたかのように二〇〇八年四月一八日に他界された。その訃報を三浦一則氏から聞いたのは、石川県白山神社の蛇の御神殿の前でお祈りをしている四月一九日だった。不思議な気持ちだった。

吉野先生を偲ぶ会が東京で行なわれた。私はその追悼の辞を読む役をおおせつかった。そこには吉野先生と出会うきっかけを作ってくださった伊東俊太郎先生、あるいはノーベル賞を受賞された小柴昌俊氏など多くの先生方も列席しておられた。吉野先生の学問をきちんと評価される研究者がこれほど多くおられたことを知ってうれしかった。

これから女性の研究者がますます増加し、女性の視点で日本の民俗や文化を研究することがさかんになるに違いない。その女民俗学が確立された時、吉野先生のご研究はいっそうの輝きをまして、ますます重要になってくるにちがいない。

参考文献

（1）吉野裕子『吉野裕子全集　第1巻　扇と祭りの原理』人文書院、二〇〇七年

（2）Okuda, M., Yasuda, Y. and Setoguchi, R.: Middle to late Pleistocene vegetation history and climatic changes at Lake Kopais, southeast Greece. *Boreas*, 30, 73-82, 2000.

（3）安田喜憲『大地母神の時代』角川選書、一九九一年

（4）吉野裕子『吉野裕子全集　第2巻　日本古代呪術と隠された神々』人文書院、二〇〇七年
（5）吉野裕子『吉野裕子全集　第4巻　蛇と狐』人文書院、二〇〇七年
（6）吉野裕子『吉野裕子全集　全12巻』人文書院、二〇〇七～二〇〇八年
（7）吉野裕子『隠された神々』河出文庫、二〇一四年
（8）安田喜憲『稲作漁撈文明』雄山閣、二〇〇九年

第Ⅱ章　ゆがめられた日本神話の研究

一　男による日本神話の研究

借り物の歴史観

日本の考古学と歴史学による日本神話の研究は、第二次世界大戦後に隆盛となったマルクス主義史観の影響によって深い傷を負った。そしてその傷は、旧ソビエト連邦が崩壊し、マルクス主義史観が崩壊した今日においてもなお、日本考古学と歴史学にいまだに克服できない深い闇をなげかけている。

考古学や歴史学は時代の精神に翻弄されやすい。なぜなら考古学者や歴史学者の歴史観は、時代の精神と表裏一体の関係にあるからである。考古学者も歴史学者も時代の申し子なのである。とりわけ第二次世界大戦後における思想的大変革の影響に翻弄された不幸な歴史学者や考古学者は、いまだに立ち直っていない。

敗戦によって皇国史観が潰え、旧ソビエト連邦の崩壊によってマルクス主義史観が崩壊した今、時代の精神を代表する歴史観は環境史観である。地球環境問題の頻発のなかで、いやがおうでも人々は環境との関係の中で歴史を見る視点を持たざるを得なくなった。環境史観の重要性を主張してきた私[1]にとっては、それは喜ばしいことではあるが、それもしょせんは時代の精神の反映であることを忘れてはなるまい。永遠不滅の歴史観などは存在し得ないのである。

皇国史観を振りかざして日本を危機に陥れた歴史学者や考古学者が悪人なのではない。それとは反対にマルクス主義によってプロレタリア社会を実現しようとした歴史学者や考古学者が、完全無欠の正しい歴史学や考古学を樹立したわけでもない。「あの人は皇国史観だ、右翼的歴史学者だ」といって国家主義的な歴史学者を厳しく糾弾してきたマルクス主義の歴史学者が、いまや「あれは共産主義の歴史学者で日本を共産主義の社会に変えようとしていた」と後ろ指をさされる時代になっているのである。

誰が悪いわけでもない。歴史学者や考古学者はみずから正しいと信じる信念にしたがって、与えられた時代を精一杯生きただけなのである。そうした過去へのわだかまりを棄てない限り、新たな時代の考古学や歴史学の構築は困難なのではあるまいか。

過去へのわだかまりを双方が捨て去り、日本の歴史学や考古学の国際化と真の科学としての歴史学や考古学の樹立の一助になればというのが本書の願いなのである。

津田左右吉は日本神話の重要性を指摘した

江戸時代の神話研究は新井白石、本居宣長、平田篤胤らによってなされた。その江戸時代の神話研究を近代的歴史学の手法であらたに研究し直したのが明治・大正・昭和を生きた津田左右吉氏である。

『日本古典の研究』(2)は戦後間もない一九四六年に刊行された。それは一九二四年に出版された『古事記及日本書紀の研究』と『神代史の研究』、一九三〇年に出版された『日本上代史研究』、一九三三年に出版された『上代日本の社会及び思想』ほかの論考をあわせて一冊としたものである。したがってその本は第二次世界大戦の敗戦後に刊行されたものではあるが、その内容は敗戦による大きな価値観の転換を受けていないことに注目すべきである。

そのなかで津田左右吉氏は、記紀の解釈について注目すべき内容を記述している。「記紀、特にその神代の部は、その記載が普通の意義で言う歴史としては取り扱い難いもの、実在の人物の行為また事跡を記載したものとしては、信用し難いもの」であると書いている。第一次世界大戦が終わり、第二次世界大戦の皇国史観の嵐が刻々と迫りくる中で本文が書かれたことを思うと、それは命がけの記述であったのではあるまいか。ここに時代の精神にまどわされることなく、歴史の真実を見つめようとする科学者としての津田氏の面目躍如たる側面が語られている。

さらに「記紀の記載については、どれだけが事実でありどれだけが事実でないかの限界を定め、事実の記載でない部分にいかなる意味があるか、何故にそういう記載ができているかを究め、記紀の記載の性質と精神と価値とを明らかにしなければならぬ」とも述べている。津田左右吉氏は現在の歴史学者からは日本神話の価値を葬った張本人のように言われているが、津田氏はもっとも日本神話の歴史的価値の重要性を認識し、それゆえにこそ、その記述を盲信する皇国史観ではなく、科学的に研究することとの重要性を訴えていたのではあるまいか。

記紀神話の記載が事実であると盲信する皇国史観に日本人が大きく傾斜していく中で、「記紀の記載は批判を要する。批判を厳密に加えた上でなければ、記紀というものは歴史的研究の材料とすることができない」と述べた津田氏の歴史的見識と勇気は正しかったと言わなければならない。

津田氏は決して記紀を歴史的研究の材料から除外したのではない。すべての記載が歴史的事実の記載ではないが、日本民族の歴史を研究する上での資料的価値はきわめて重要であることを指摘し、それ故にこそ科学的な視点から慎重に精査することの必要性を指摘したのである。そうでなければ、上述の五冊の単行本のほかに、津田左右吉全集別巻1[2]に収められている膨大な神話研究を残せるはずがない。津田氏は歴史学研究における日本神話の重要性を強く認識していた人であった。

ところが敗戦後アメリカ軍の進駐とマルクス史観の隆盛のなかで、津田左右吉氏の「記紀というものは歴史的研究の材料とすることができない」という一文のみが一人歩きし、あたかも津田氏は日本歴史研究における日本神話の研究を排撃した代表的研究者のような印象をあたえることになった。日本神話の重要性に対する確信がなければ、あのような膨大な著作を日本神話について残せるはずがないのに、第二次世界大戦後の津田氏の評価は決して正当なものではなかった。「記紀というものは歴史的研究の材料とすることができない」という一文のみが独り歩きし、津田氏は日本神話の研究の反対者のごとくに扱われた。

ではなぜ戦後日本の歴史学者のあいだでは、津田氏が日本神話を歴史学研究から排斥した張本人のように見なされたのであろうか。それは皇国史観を排撃するマルクス史観の歴史学者に利用されたからではないかというのが私の仮説である。マルクス史観を標榜し天皇制を排撃する歴史学の研究者は、津田氏を、あたかも日本神話の研究を歴史学研究から排除した中心人物のように祭り上げた。そのことによって、皇国史観を排撃し、マルクス史観の正当性を主張する論拠にしたのではあるまいか。

しかし津田氏は日本神話の価値を誰よりも強く認識し、その科学的研究の重要性を指摘した人なのである。津田氏は「記紀の記載には事実らしからぬ物語が多いが、それがためにそれらの物語が無価値であるのではない」と明言している。

皇国史観と日本神話を排撃し、天皇制に反対するマルクス史観の歴史学者の行動、それは日本をキリスト教の国にしようとする、D・マッカーサーの占領軍にとっても好都合なものであった。マッカーサーは日本をキリスト教の国にするために日本にやってきたのである。それゆえ共産主義には警戒をおこたらなかったが、皇国史観と対決し日本神話を排撃するマルクス史観の隆盛は野放しにしたのである。

キリスト教の布教には日本神話が邪魔だった。その日本神話をキリスト教の宣教師ではなく日本の歴史学者が退治してくれる。これほど好都合なことはなかった。それゆえ戦後日本の考古学や歴史学のなかに、マルクス史観が大きな学問の潮流を形成していくことに対して、マッカーサーをはじめ進駐軍はなにも弾圧しなかったのである。

その結果、資本主義体制のもとにあって、日本の歴史学者はマルクス史観にもとづいて日本民族の歴史を研究するというきわめて異常な時代が戦後六〇年以上も続くことになったのである。そして当然のこととして、日本神話の記述は子ども達が学ぶ小・中・高等学校の教科書から完全に姿を消すことになった。歴史の教科書を執筆する歴史学者が日本神話を排撃し、戦後日本の国家体制や教育のあり方を支配したアメリカ人がそれを望んでいたのであるから、学校の教科書から日本神話が姿を消すのは当然のことであった。

津田左右吉の神話研究の方法

津田氏は記紀の研究方法論を述べているが、その研究方法は今日においてもきわめて妥当なものである。「先づ何よりも本文を、そのことばのまま文字のままに誠実に読み取ることが必要である。はじめから一種の感心を以てそれに臨み、ある特殊の独断的臆見を以てそれを取り扱うようなことは、注意して避けねばならぬ。それをありのままに読まなければ、記事や物語の真の意義を知ることができぬ[2]」と述べている。記紀の記載を読む時に独断的な憶測を持つことを強く戒めているのである。たとえば「ヤマタノオロチやヤタガラスは、どこまでも蛇や鳥である。ウガヤフキアエズの命の母がワニであり、イナヒの命が海に入ってサヒモチ神（ワニ）になられたとあるならば、それもまた文字どほりに、ある神はワニの子で、ある神はワニになられたのである[2]」と述べる。その姿勢は、後年に日本神話の研究にもう一つの金字塔をたてた梅原猛[3]先生も同じである。記紀にワニと書いてあればそれはワニなのだと読みとかねばならないのである。

ところが最近の神話の研究者は、「日本にはワニはいない、だから古代の人々はサメをワニとしたのであろう」とか、ひどいものにいたっては「龍だ」とかってに解釈して論文をかき、それが堂々と出版されている。それは独断的な憶測にすぎないのであって、記紀にワニと書いてあったら、それはワニであるとまず読まねばならないのである。津田氏は神話の恣意的な解釈に「ＮＯ」を突き付けているのである。

現代の神話研究者は、その説が自分の思い込みや恣意的解釈ではないかどうかを、十分に検討しなければならない。これに対してマルクス史観の歴史学者たちの歴史解釈は恣意的であった。なぜなら彼らは共産主義体制、社会主義体制を維持するために歴史を書いていたからである。はじめから天皇制反対という恣意のもとに歴史を書いているのである。

そして「記紀の物語を解釈するにあたって、文献の外の知識、たとえば考古学の知識などをかりることである。その知識はしかし考古学を考古学として独立に研究したうえでの知識でなくてはならぬ[2]」と、津田氏は述べている。考古学や自然科学の知識で記紀の物語を解釈する場合、はじめから神話の解釈のために考古学を利用するのではなく、考古学の研究を積み重ねた結果新たな物語の解釈が生まれるものでなくてはならないと書いているのである。それは私の立場とまったく同じである。

私は日本神話を解釈しようと思って研究をはじめたわけではない。長江文明の研究を行なっている間に、新たな日本神話の解釈が見えてきたのである。従って私は既存の文献研究を寄せ集めて提出されたような神話研究の発見などというものはほとんど信用できないと思っている。説をこねくりまわしているにすぎないのであって、そこには新たな発見はない。あっても思いつきていどのものであろう。

「記紀から離れて研究した考古学の結論にして、はじめてその記紀の批判を助けることができるのである[2]」と津田氏も述べている。私はこの津田氏の考えにまったく同調する。

津田左右吉の再評価

このように津田左右吉氏は、日本神話の研究を歴史学の研究から排除したのではなく、それどころかむしろその歴史資料としての資料的価値を重視し、そこに提出された研究方法は、いまにいたってもきわめて先見性の高いものであった。にもかかわらず、戦後の日本において津田氏が日本神話を歴史研究から抹殺した張本人のように取り扱われてきたのは、皇国史観にかわって登場してきた天皇制を否定するマルクス史観の歴史学者によって、津田氏が神話を歴史学的研究から排除するシンボルとして祭り上げられたためではなかったか。マルクス史観の歴史学者は、津田氏の「記紀というものは歴史的研究の材料とすることができない」という一文のみをとりあげて、日本神話を歴史研究から排除し、天皇制を否定する口実にしたのではあるまいか。

マルクス史観の歴史学者は天皇制を否定し、日本の歴史研究から神話を排除することについては確心犯であった。しかし、津田氏はそうではなかった。たんにマルクス史観の歴史学者に利用されただけなのではないかと私は思っている。

そうした津田氏を祭り上げた歴史学者の代表が家永三郎氏である。

家永三郎の神話研究

家永三郎氏[4]の教科書検定事件は、第二次世界大戦を中心とする近現代史の記述をめぐっての歴史認識の相違であるとばかり思っていたがそれはあやまりだった。

一九六〇年に高等学校の学習指導要領が全面改訂され、これによって高等学校社会科日本史の教科書も全面的に書き改めることになった。家永氏は苦心を重ねて出来上がった教科書の原稿を、一九六二年八月一五日に検定申請のために提出した。しかしその原稿は検定の結果不合格となり、一九六三年四月に不合格通知が来た。その不合格の理由の最初に記紀の取り扱いが述べられていた。

家永氏は、「『古事記』も『日本書紀』も神代の物語からはじまっているが、神代の物語はもちろんのこと、神武天皇以降の最初の数代の間の記事にいたるまで、すべて皇室が日本を統一してのちに、皇室が日本を統治するいわれを正当化するために作りだした物語である。『古事記』や『日本書紀』は、このような政治上の必要から作られた物語や、民間で語り伝えられた神話・伝説や、歴史の記録などから成り立っているので、そのまま全部を歴史と見ることはできない[4]」と書いた。この家永三郎氏の見解は多くの日本の古代史の歴史学者の意見を代弁しており、正しい見解であった。

そして同じことを述べた津田左右吉氏が、(2)『古事記及び日本書紀の研究』『神代史の研究』などの著書において皇室の尊厳を汚したという理由で起訴されたということも書いた。おそらく第二次世界大戦中の官憲の弾圧を家永氏は許すことができなかったのであろう。

これに対して文部省初等中等教育局福田繁局長は、「『古事記』『日本書紀』をそのまま歴史とみることのできない点のみが説かれていて、それが古代の文献として有する重要な価値が記されていない」という検定結果を下している。

家永氏は怒った。「神代の物語はもちろんのこと、神武天皇以後の最初の天皇数代の間の記事にいたるまで、すべて皇室が日本を統一してのちに、皇室が日本を統治するいわれを正当化するために構築された物語であるということは、津田左右吉氏の研究によって明確に立証されたことであり、今日の日本史の専攻学者で、この分野を否定するひとはほとんどいないのではあるまいか(4)」と厳しく反論している。「このような学界で承認済みの命題の削除を強制することが、学問の自由の侵害でなく何であろうか(4)」と激しく抗議をも展開している。この家永氏の抗議もマルクス史観の歴史学者の古代史の研究の成果にみあわせれば、正当なものであった。確かに家永氏が指摘するとおり、天武天皇が編纂を命じた日本の記紀神話は、皇室が日本を統治するいわれを正当化するために構築された物語である側面を有していた。

たしかに津田左右吉氏は、(2)「神代史はわが国の統治者としての皇室の由来を語ったものにほかならぬ。神代史の中心観念は日の神であるが、その日の神は皇祖神であり、したがってそれには天皇が反映している。神代史を構成する幾多の物語は、皇室の御先祖であるという神々の話のみである。すべてが皇室のことであり、統治者のことである」と述べている。まったくそのとおりである。

しかし津田氏はその皇室の御先祖である神々の物語としての日本神話の研究に情熱をもやし、膨大な著作を残した。これに対して家永氏は日本神話の研究をほとんどしなかった。そればかりか、天皇制に対する反感から、日本神話が皇室の祖先の物語であるから歴史学研究の対象にならないとどこかできめつけていた風がある。そのことを文部科学省の検定官は追及すべきであったのではないか。それはきわめて偏狭な歴史認識であり、同時に津田左右吉氏の立場とはまったく相反するものではあるまいか。にもかかわらず津田氏の理論はこうした家永氏に代表されるマルクス史観の歴史学者に利用され、日本神話の研究は日本の歴史学界ではまったく研究されることなく、小・中学校の未来を担う子ども達の教科書からも姿を消していったのである。

それはすばらしい民族の神話を持ちながら、その神話のすばらしさを第二次世界大戦の敗戦で見失った、いや正確には「マッカーサーとマルクス史観の歴史学者たちによって見失わされた」と言うべきであろう。それは日本民族の悲しい魂の彷徨が生み出した悲劇にほかならなかった。

歴史の古い民族では、創造神と民族のルーツとなる神々の物語が描かれている。日本神話ではその神々の子孫の物語までが描かれている。そして今日まで、その神々の子孫だという人々が生きながらえ、今においても尊敬を集めている。そこにこそ、日本民族と日本文化の素晴らしさを見るべき時なのではあるまいか。

舶来ものに弱い日本人

島国の日本人は、海外からやってくる舶来ものに弱い習性がある。キリスト教もマルクス史観も、西欧の畑作牧畜民[5]のものである。日本人が伝統的な文化や歴史に自信を喪失した危機の時代に幅をきかせるのは、こうした舶来の思想である。明治維新や第二次世界大戦の敗戦は、まさにそうした危機の時代であった。そうして、舶来の思想をいち早くとりいれるのが知的エリート達であった。海外で進んだ知識を学び意気揚々として帰国し、

「日本はおくれている、海外はこんなに進んでいる」と海外の事情を得意満面に話し、島国にとじこもった庶民たちを先導するのが知的エリート集団のやりくちだった。

日本人は海外の風習や思想さらには政治経済システムを敏感に感じとり、それを取り込むことに長けた民族である。しかしその取り込んだものには、悪臭や悪癖があることにも気づかなければならない。日本の風土や日本人の心に適さないものがあることを知らねばならない。マルクス史観は日本の風土や日本人の心に適さないものだったのである．それは畑作牧畜民の歴史観であり、稲作漁撈民の歴史観とは相いれなかったのである。

しかし、日本人はそのことを悟るのに時間がかかった。海外においてその悪臭や悪癖が露見してもなお、日本の歴史学者はけなげにもマルクス史観に固執した。一九八九年のベルリンの壁の崩壊によって社会主義は崩壊し、いまやマルクス史観を標榜する歴史学者は中国や北朝鮮などの一部の共産主義の歴史学者（すでに中国の歴史学者もマルクス史観を標榜しているかどうかわからない）にすぎないのに、いまだにその歴史観に固執し、マルクス史観こそが最高の科学的歴史観であったと主張する歴史学者[6]が日本には大勢残存している。

同じことは、社会主義とは反対の市場原理主義の構造改革にも端的に見られた。日本の経済システムはグローバルスタンダードに遅れている。だから構造改革し規制緩和をしなければならない。「改革なくして成長なし」。アメリカに留学し、アメリカの文明を刷り込まれた一部の知的エリートたちの言動に日本人は翻弄され、一国を代表する首相までがその言動に惑わされ国民をあおり、日本を危機に導いた。

しかし、その市場原理主義は、「人生の最大の目的はお金を儲けることだ。そのためにはすべての規制を撤廃し、お金儲けの機会をおおくし、資本主義を守るためにはイラクに大量破壊兵器があるというデマをながし、何百万人が殺されてもかまわない[7]」というスタンダードであったのである。

そして、「貧しい人たちの住宅ローンがベースだから普通の金融商品よりも一パーセント高いリターンが期待できる」[7]という弱者の弱みに付け込んだ金儲けに立脚したサブプライムローンが破たんしてはじめて、その極悪の構造に気づいたのである。いやいまだに気づくことなく構造改革を主張し続ける人もいる。日本人は海外の舶来ものを敏感に取り込むことにはきわめて優れた能力を持っているが、いったん取り入れるとなかなかそれを手放せないという弱点を持っている。

二　日本人の心の空白

キリスト教によるルネサンス

戦後の日本人には、心の空白が生まれた。その心の空白は、どうしてできたのか。山折哲雄先生の『さまよえる日本の宗教』[8]は、その原因を見事に解明している。一番の原因は、戦争に負けたことである。一九四五年一二月一五日に、神道指令が発布された。その内容は、国家神道の解体、政教分離、そして憲法改正を趣旨とするものだった。これが、日本人の空虚な心のはじまりだった。

その次に日本人の心の空洞化を推し進めたのは、マッカーサーだった。マッカーサーがやってきた。マッカーサーは、敬虔なプロテスタントの信者だった。自らをプロテスタントの宣教師と見なし、

「日本をキリスト教の理想実現の場にしたい」と彼は考えた。

「キリスト教の理想の国を実現し、日本を共産主義の防波堤にする」という高い理想を持っていた。

マッカーサーは国家神道を解体し、政教分離を行い、憲法を改正して新たな平和憲法を造った。このマッカーサーのリードによる戦後の統治が、日本人の心にたいへん大きな影響を与えたと山折哲雄先生[8]は指摘する。マッカーサーは、自らがプロテスタントの宣教師であるという高い理想のもとに、キリスト教の理想実現の場として

日本を位置づけ、この国をキリスト教の理想国にしたいと考えた。

その影響を真っ先に受けたのは、ほかならぬ日本の知的エリートだった。新渡戸稲造の弟子の矢内原忠雄や南原繁は、東京大学の総長まで務めた。彼らは無教会派のキリスト教の伝道者として、日本を神の国にするという理想に燃えて、日本の知的エリートたちを扇動した。

東大総長といえば、日本の知的エリートのリーダーである。彼らは「キリスト教によって、日本にルネッサンスを起こす。そして、ルネッサンスと宗教改革で日本を立て直す。その精神的柱は、キリスト教だ」と主張した。

日本の知的エリートは、

「キリスト教を柱にして、この荒れ果てた日本の国を新しい国家としてよみがえらせたい」。

そう絶叫する宣教師の魂に突き動かされるように、日本の国を立て直そうとした。だがここが大きなボタンの掛け違いだった。そこから日本人の心の空白がはじまったのである。

マルクス主義が生んだ心の空白

もうひとつ、日本人の心の空白をつくったものがある。敗戦後、多くの日本の知的エリートたちは、マルクス主義に傾倒した。マルクス主義者は、「宗教はアヘンだ」として宗教心を日本人の心から奪い去った。

「共産主義こそが、最大の宗教だ。それに対抗する宗教の存在は許さない。」

神社の前で手を合わせるなど、言語道断のことがらだった。

一方においてキリスト教が、日本の新しい未来を担う精神的な支柱としてもてはやされ、他方において、知的エリートになれない労働者階級は、マルクス主義に強く傾倒した。

このキリスト教とマルクス主義が両刃の剣となって、日本人の心の空白を生み出し、日本人の魂を破壊した。

それは畑作牧畜民の勝利だった

キリスト教もマルクス主義も、畑作牧畜民が作り出した超越的秩序の神話だった(5)。二〇〇〇年以上にわたって維持されてきた稲作漁撈民の神話をあっさりと棄てさり、畑作牧畜民の神話に乗り換えることに、なんの躊躇も、なんの恥じらいもなかった。いやむしろ、日本の知的エリートから労働者階級までが、なだれをうって狂奔したのである。

そしてマルクス主義とキリスト教の強い影響のもとに、伝統的なアニミズムの神話を否定する動きが戦後世界を支配した。

「神道はダメだ。大木に注連縄をまくなんて、そんな迷信はするものではない。知的エリートはそんな非科学的なことはしない。神社へ行って御神輿を担ぐのは恥ずかしいことだ」。

そういう雰囲気が未来を担う子どもの教育現場を押し包んだ。

それは、当然であった。東京大学の総長が、「キリスト教は素晴らしい」と言っているのだから。東京大学の権威ある歴史学の先生が、「マルクス主義は素晴らしい、宗教はアヘンだ、日本神話は虚構の産物だ」と言っているのだから。「こんな立派な人が言っているのなら、やっぱり神社へ行って手を合わせるのは恥ずかしいことだ」という雰囲気が、一般庶民に生まれても仕方がなかった。

もちろん庶民は、日本の神道を心から否定したわけではない。正月には神社に初詣に行くことはちゃんと続いていた。しかし、学校教育で日本神話がとりあげられることは、戦後七〇年間たえてなかった。表立って「自分たちが神道を崇拝している」ということはなかなか言えなかった。

だから日本人は無宗教だという風説さえ流布した。特定の宗教には荷担しない。そのことが間接的に宗教としてのマルクス主義を擁護することにもなった。

日本の風土が拒否したキリスト教とマルクス主義

日本の知的エリートやマスメディアの活動と宣伝それに扇動された学校教育にもかかわらず、キリスト教とマルクス主義は日本の風土には定着できなかった。キリスト教が、たとえば韓国のように、日本人の心に広く定着していたならば、日本人の心に空白は生まれなかったはずである。ところが、新渡戸稲造、矢内原忠雄、あるいは南原繁という日本を代表する知的エリートたちが、キリスト教をもって日本を立て直そうと、一生懸命努力したにもかかわらず、日本を代表するマスメディアまで、それを強力にバックアップしたにもかかわらず、それらは日本人のなかに、なぜか定着しなかった。

一方、「マルキストでなければ人にあらず」とまで一世を風靡したマルクス主義も、旧ソビエト連邦の崩壊後、あえなく急速に衰微し、今やマルクス主義を信奉すると公言する日本人はほとんどいなくなった。

残念ながらキリスト教は日本人の心に定着しなかった。マルクス主義にいたっては、過去の遺物になってしまった。それはなぜか。「日本の風土がキリスト教とマルクス主義を受け入れることを拒否した」としか言いようがない。

こうして日本人の心の空白が生まれた

キリスト教は日本人の心に定着せず、マルクス主義にいたっては、過去の遺物になってしまった今、日本人の心が寄るべきものとして、残っているのは仏教である。戦後、仏教は葬式仏教として生き残ってきた。ところが、その仏教も、戦後退廃の極みを演じていた。日本の仏教は人の魂＝日本人の心を救うことができないばかりか、日本の自然、地球環境さえ守りぬくことができないまでに退廃していた。

お坊さんが極楽や地獄の話をしても大半の人はほとんど信用しなくなった。お坊さんの話をきいて、地獄や極楽の存在を信じる人は、いなくなった。たしかに、中世には、本当に浄土があり、極楽があり、地獄もあると人々は信じていた。ところが、戦後、お坊さんが一生懸命、地獄や極楽の話をしても、子ども達はほとんど信じなくなった。

戦後、日本の知的エリートたちは、キリスト教に日本救済の道を託した。ところが、それは定着しなかった。労働者たちは、マルクス主義に傾倒し自らの立場を好転させようとした。しかし、それもたいした成果を産むことなくあえなく崩壊してしまった。そして、キリスト教もマルクス主義も、ともに神道という日本の伝統的なアニミズムの宗教を弾圧する性格を持っていた。そういうなかで、我々は神道を崇拝し、伝統的なアニミズムの世界を大事にする心をいつしか忘れてしまった。そして最後に寄るべき場所として残った仏教は、もはや葬式仏教、儀式仏教になってしまっていた。もちろん現在では仏教はその哲学が再評価され、日本人の心の寄るべき場所になっている。

神道は戦後に骨抜きになり、それにかわるはずのキリスト教もマルクス主義も定着せず、唯一残った仏教は葬式仏教に成り下がってしまっていた。これが戦後日本の実態だった。ここに、じつは私たち日本人の心の空白がうまれる根本原因があったのである。我々は寄るべき心のよすがを切り捨てて来たことを、はっきりと知らされるのである。

戦後七〇年にして、ようやく日本人は、伝統的な神道や仏教の哲学の重要性を再評価できるようになった。それは、やっと日本人が冷静さを取り戻したことの証であろう。

二五〇〇年目のカルマ

高齢化社会と老老介護に加えて、さらに地球環境問題という大きな問題が目前にせまってきた。私は、「二五〇〇年目のカルマ」という言葉をよく使う。ユダヤ・キリスト教、仏教、儒教といった巨大な宗教が誕生した二五〇〇年前はどんな時代かと言うと、まさに地球環境が激動した時代だった。気候が冷涼化して、環境が悪化した時代だった。飢餓や疫病が流行して難民がでたり餓死者がでたりして、多くの人々が地獄を見た時代だった。そういう時に、モーゼや釈迦や孔子がでて、人々の心を救済したのである。

この二一世紀は、誰が見ても巨大な地球環境の変動が、我々を襲い、巨大災害が我々を刻一刻と襲う時代である。その世紀は地獄の世紀になるかもしれない。その、激しく地球環境が変動する時代は、二五〇〇年前がそうであったように、まったく新しい巨大な宗教が誕生する時代ともなるであろう。

二〇〇四年のスマトラ沖の地震では、数百万人が被災し、一五万人以上の人の生命《いのち》が奪われた。さらに二〇一一年三月一一日には、東日本大震災の大津波によって二万人近い人が犠牲になった。いまだに二〇〇〇人以上の人の消息が不明である。さらに竜巻や山崩れ、はては御嶽山の火山噴火で戦後最大の死亡者が出るなど、これまで予想もつかなかった自然災害が多発しはじめた。時間降雨量一〇〇ミリを超える豪雨が頻繁するようになった。二〇一三年にフィリッピン中部を直撃した台風三〇号は、最大瞬間風速一〇五メートルにも達する猛烈なものだった。二一世紀には、百万人の生命を奪うような巨大災害がやってくる可能性が、ないとは言えない。二一世紀の我々は、大量死の時代に直面しているのである。

新たな神話が必要

そういう地獄の時代に我々が向かいつつあるにもかかわらず、日本人の心を救済できるような、心の寄るべがまだ確立していない。カタストロフが引き起こされ、大量死の時代を目前にして、我々はどうしたらいいのか。

今、引き起こされている地球環境問題の根底には、自然を支配し家畜と人間のみの王国を造ろうとする超越的秩序を重視する文明史観と、畑作牧畜民の神話があった(5)。畑作牧畜民の神話への依存を変えないことには、現在の地球環境問題を根底から変えることはできない。問題なのは、超越的秩序を重視する文明史観、そして畑作牧畜民の神話への盲信なのである。

ユダヤ・キリスト教、イスラム教、仏教、儒教、いずれも人間の幸せだけを考えてきた。かつて中世ヨーロッパの大開墾時代には、キリスト教の宣教師はこう絶叫した。「人間の幸せのためならヨーロッパの森をいくら破壊してもいい。我々の幸せのためなら、どれだけ森を破壊してもかまわない」と。こうして、ヨーロッパの森は徹底的に破壊され尽くした。その結果、一七世紀にはヨーロッパの森の九〇パーセント近くがなくなった。その森の破壊の先兵になったのが、キリスト教の宣教師だった。彼らは、人間を不幸にしようとしたわけではない。むしろ、人間の幸せを考えていた。しかし、人間だけの幸せを考えていたところに問題があったのである。人間の幸せだけを考えた結果、逆に人間を不幸にすることになったのである。

二五〇〇年前に誕生した巨大宗教は、じつは人間のことだけを考えていた。仏教でさえそうだった。大陸から伝来した仏教は、ほとんど人間中心主義だった。日本の仏教が神道の影響を受けて日本的仏教になるのは、最澄や空海の活躍する平安時代になってからであると私は考えていた。神仏習合の思想・山岳仏教こそが日本の仏教と神道が融合した姿であることは間違いない。平安時代になり、最澄や空海の時代になって、神仏習合を行ない、都市ではなく山を修行の場にすることで、現世的秩序の神話を重視する日本的仏教に完全に変身した。生きとし生けるものの生命を重視する日本仏教が誕生したのである。しかし、すでに観音信仰の隆盛が奈良仏教の中に起こっていることから、奈良時代から日本の仏教は神道の影響を受けていた可能性がある。法隆寺の聖徳太子を祀った夢殿の中心仏は救世観音だった。さらに白山の山岳信仰を開闢した泰澄（六八二―七六七）が白山信仰の中心に据えたのは十一面観音であったし、富士山のコノハナサクヤヒメをはじめ、日本の霊山におわします神々は女神であった。日本仏教は日本列島に伝播した直後からすでに神道の影響を強く受けて、日本的仏教に変質していたとすれば、日本人の心の形成における神道の役割はさらに大きなものとなるだろう。

しかも、IS＝イスラム国の台頭、キリスト教とイスラム教の対立を見ればわかるように、現在の既存の巨大宗教では、民族の対立を助長することはできても、それをやめることはできない。そして、同時に地球環境問題も解決できない。

現世的秩序の神話の復権

超越的秩序の神話は、キリスト教に代表される。キリスト教のシンボルである十字架は、人間が考えだしたもの。神の国、これも人間が考えだしたもの。超越者もまた、人間が考えだしたもの。十字架こそが、超越的秩序のシンボルなのである。これに対し、キリスト教の聖者が踏みしめているドラゴンこそ、現世的秩序のシンボルなのである。

この超越的秩序の神話をもって、現世的秩序の神話を弾圧していく。それがこれまで当然のこととして容認されてきた。なぜなら現世的秩序の神話を持つものは、邪悪で猥雑で卑猥であるという考えが世界を支配していたからである。

超越的秩序の神話は、砂漠で生まれた。「生命のない砂漠で、人々が妄想し幻想して超越的秩序の神話を生み出した」というのが今までの通説だった。そこで誕生した宗教は、きわめて人間中心主義であった。

これに対して、神道は現世的秩序の神話を重視した。図2は、奈良県の大神神社である。この大神神社の拝殿の裏には、じつは何もない。三輪山という山しかない。この神道の拝殿の裏には、神さまの像があるわけでもなんでもない。私達は何を拝んでいるのか。山と磐座《いわくら》を拝んでいるのである。山の森を拝んでいるのである。森のなかの動物たちの生命《いのち》、生きとし生けるものの秩序が、きちんと保たれて永劫に続くようにと願うのである。それが現世的秩序の神話である。この地球のなかで生命《いのち》の連鎖が永劫に続くようにと願って、我々は拝殿で手を合わせるのである。

超越的秩序の神話を代表するユダヤ・キリスト教は、砂漠の風土で誕生した。それに対して、現世的秩序を重視する神話は、森の風土で誕生した。超越的秩序の神話は畑作牧畜民によって造られ、現世的秩序の神話は稲作漁撈民やトウモロコシ・ジャガイモ農耕民によって造られた。そして、その森の風土で誕生した現世的秩序の神話の復権がいまこそ必要なのである。

空海は、「森は、人の世はもちろん天上の世界よりも美しい」と言った(9)。森は、現世的秩序の神話を代表するものである。現世的秩序は、人間がつくった秩序よりはるかにすばらしい。もちろん、天上の世界、つまり超越的秩序の神話より

図２　奈良県大神神社の注連縄

大神神社の注連縄は、２匹の蛇が交尾しているところだった。境内には蛇を祀るスギの大木の祠がある。拝殿の後ろには三輪山の森と磐座があるだけである。

も美しいと空海は言っているのである。そこには、あのK・ヤスパース[10]が指摘した枢軸文明を超える、はるかにすばらしい哲学が語られていると私は思うのである。

水利共同体を破壊した戦後歴史学の功罪

最澄や空海の思想は、一〇〇〇年後の今日においても人々の心をうつ。しかし、戦後七〇年の間、日本の歴史学者や経済学者・社会学者がK・マルクスやM・ウェーバーの心を借りて展開したその思想は、はたして真に日本人に勇気と希望そして自信と誇りを与えただろうか。

大塚久雄氏[11]は戦後日本を代表する経済史家である。大塚史学隆盛の時代には「大塚史学であらねば人にあらず」と言われるほどの勢いがあった。大塚氏は敬謙なクリスチャンであり、難病と戦いながら真摯な尊敬すべき生き方をした人である。しかし、そこで展開された理論の大半は、マルクスやウェーバーの心を持って、イギリスを最高の模範国として、日本や日本人の心を論じるものではなかったか。

日本の第二次世界大戦後の歴史学は、日本人の心を破壊したのではないか。日本の神道にとって生命の源の水の循環はもっとも重要なものである。日本の江戸時代に完成した水利共同体は、資源をめぐる争いを回避するすばらしい社会システムだった。日本の水利共同体は利他の心に立脚し、個々人の欲望をコントロールしながら人間社会のコミュニティーを維持し、限られた資源を有効に活用し、森と水の循環系を持続的に運用するために構築された、世界でもきわめて優れた自然＝人間社会システムであった。それは争いや戦争を回避する調停のメカニズムさえ有していた。だがそうした伝統的な共同体社会を、戦後の日本の歴史学者は封建的・非人間的な制度の代表として批判しつづけたのではないか。

時あたかも高度経済成長期だった。ダムが建築され用水路が完備するという物理的な要素と、この歴史学者や社会学者による破壊的行為によって、日本の伝統的な水利共同体は完璧なまでに破壊されてしまった。

水利共同体が破壊されて悪が横行するようになった

そして、人々は源流部に産業廃棄物を平気で棄てるようになった。秋田県と岩手県の県境の山岳地帯に、日本最大の産業廃棄物場が出現した。その廃棄物の大半は関東地区から運び込まれてきたものである。もし水利共同体が元気なら、おそらくこうした水源地帯に産業廃棄物を投棄した人は、そっこく打ち首になったであろう。しかし、戦後日本の歴史学のかがやかしい成果である個々人の自由と人権の復活によって、法に触れなければ何をしてもかまわないという悪人が横行する世の中になった。

おそらく大塚氏や戦後日本の歴史学者は、まさかそんなことをする悪人がでてくるとは思いもよらなかったのであろう。彼らにとって、まず虐げられている弱者を救済することが先決だったからである。しかし、日本が豊かになるとともに、そして自然との関係における日本の伝統的システムが、封建的・非人道的という名の下に破壊されることによって、源流部に産業廃棄物を投棄しても、なんらの良心の呵責も感じない人が出現するようになった。

そして、今や最大の弱者は物言えぬ自然となったのである。最大の弱者が物言えぬ自然となった今、人間の権利のみを主張する歴史学や経済史は、今や悪を助長する学にさえなりつつある。

源流部への産業廃棄物の投棄は、地下水を汚染し、これから何百年にわたって、流域の人間をふくむ生き物に大きな被害を与えるだろう。秋田県と岩手県の山岳地帯の周辺ではすでに生物のＤＮＡに異常があらわれているという報告さえある。その産業廃棄物を撤去するには三〇〇億円以上の膨大な費用が必要なのである。ここに産業廃棄物を投棄することによって、業者はいったいいくらもうけたのであろうか。おそらくそのもうけは、撤去にかかる費用の百分の一にも満たないものであったと思われる。そのわずかな利益のために、何千人という人々の命を危険にさらし、無数の生き物の命にこれからすくなくとも数十年間、悪影響をあたえる結末を生みだしたのである。それは許すことのできない大罪であると言わざるをえない。

美しい水の文明は利他の心を養った

日本の水利共同体は命の水の持続的利用を可能にし、日常生活の中で利他の精神を養い「哀しみを抱きしめて」生きる心の作法を醸成した。それは世界に誇れる日本の水資源管理システムであった。

水田稲作における水の利用は、自分の田にだけ水を引いてしまったら、下流の人々がお米を作れなくなる。稲作漁撈社会における「水の利用」は、絶えず他者の幸せを考えながら行なわなければならない。

しかし、第二次世界大戦後の日本の歴史学は、こうした森の利用や水利共同体を封建制の負の遺産と見なす膨大な研究を実施し、その歴史観の影響のもと、高度経済成長の中で水利共同体は古い社会体質を受け継ぐものとして攻撃され、ついには崩壊してしまった。「たんに水を勝手に利用しただけで命の棄権にさらされ村八分にあうなんて、なんて非人道的社会だ。それは人権を無視した掟にしばられた息苦しい自由のない非人道的社会だ。そんな水利共同体など一刻も早く解体して、自由な民主主義の社会を構築すべきだ」、みんなそう思ってきたのである。

しかし、森と水をめぐるこの日本の共同体こそ、森と水の持続的利用を可能にした世界最高の社会システムであった。その共同体の中では、森と水の利用にともなう利他の精神や欲望をコントロールする「心の作法[8]」が磨かれたのである。

日本人が長年にわたって利他の精神を維持し、慈悲の心と平和の心を持ち、欲望をコントロールする「心の作法[8]」を醸成できたのは、森と水とのかかわりあいにおいて醸成された神話、アニミズムの神話が存在したからなのである。

三　新たな神話を創造する

森と海と水の神話を創造する

日本の若者に自信と勇気そして元気を与え、心を楽しませる物語を語りたい。老人が年老いてなお生きる喜びを感じ、喜んで往生できる物語を語りたい。最近では仏教の僧侶の中にこうした物語を語れる人が増加してきているのは、まことに喜ばしいことである。私たち日本人は美しい海を、天にそびえる山を見て感動できる。荘厳な森を見て感動することができる。海のかなた、山の峰のかなたを見るとなぜか胸がさわぎ、心ひかれるものがある。それはなぜなのか。

それは日本人の心に、森と海の縄文人の神話と弥生時代以降の稲作漁撈民の神話が深くインプットされているからではないか。その心の深淵を深く見つめなおすことが今、必要なのである。そのことによって、日本の未来に「美と慈悲の文明[12]」を創造する力が湧いてくる。

海と森を見て感動する心は、美しい命の水の循環系を維持する心でもある。美しい水の循環系を守るためには、美しい心が必要だ。美しい未来の日本を創るためには、まず心を美しくすることだ。

真摯に森と海の心を知り、森と海に感動する。そうすれば、その先には未来が見えてくるはずだ。美しい「美と慈悲の文明」が見えてくるはずである。二一世紀は「美と慈悲の文明」の世紀なのである。

一〇〇〇年後にも語り継がれる神話と物語

日本人の心を破壊したマルクス主義の歴史学の権威は、五〇年ともたなかった。旧ソビエト連邦の崩壊に端を発する社会主義社会の崩壊と軌を一にするかのように、それらの思想や物語はなだれをうって過去のものとなってしまった。そして、いまやこのマルクス主義史学を信奉する人は皆無である。命懸けで同じ道をきわめるのなら、一〇〇〇年後でも語り継がれるような、最澄や空海そして親鸞や日蓮をめざすべきではなかろうか。

戦後日本の歴史学の思想や権威が、なぜかくもかんたんに崩壊したのか。それは借り物の思想や権威であったからだ。日本人の心の心奥から語られた物語や神話だったら、もう少し長い命を持ちえたであろう。借り物の思想や権威で学問をしてはならない。日本人の心奥から湧き出してくる叫びに、耳をそばだてる必要があるのではあるまいか。

最澄や親鸞さらには日蓮は生きている間、けっしてめぐまれなかった。日の当たる坂道を歩いたのは空海だけである。私が尊敬する鳥居龍蔵博士や今西錦司博士も、生きているあいだにそれほどの栄誉をうけたとは思われない。今西氏は最晩年にやっと文化勲章を受賞し『今西錦司伝』[13]まで刊行されたが、鳥居氏はそうした栄誉とはまったく無縁だった。

これに対して大塚久雄氏は、生きている間は「大塚史学でなければ人にあらず」とまで言われるほどの権勢をほこった。だが「大塚史学であらねば歴史学でない」という、その権勢はほんのつかの間のことだった。

一時の権勢を求めるのか、それとも一〇〇〇年後においても評価される道を求めるのか。それは人によって異なる。もちろん両方を手に入れることができればそれにこしたことはない。しかし、それができるのは空海のような大天才であろう。

日本人の心に立脚した神話と物語

権威は、共同幻想の上につくられるものだ。旧石器の捏造事件で有名になった神の手のごとき存在に、大塚久雄氏は祭り上げられたのではあるまいか。旧石器の捏造事件に荷担した人々の熱狂ぶりと大塚史学の信奉者の熱狂ぶりは、どこか似ている。

日本の人文社会科学はまさに権威者を生み出し、その権威者を崇拝する研究者集団は、まるで宗教的結社の様相さえおびていた。

しかもその宗教的結社が崇拝したのは、マルクスやウェーバーといった、日本の風土とはまったく異質の風土で育った人々の心であった。戦後日本の歴史学や社会学などの人文社会科学者は、その西洋の権威者の心でもって「日本人の心を切り刻んだ」のである。

大切なことは日本人の心に立脚して日本の歴史を語り、日本人の心の源郷を問いただしながら日本の社会を論じることなのではあるまいか。

イギリスを論じるのなら、そのイギリスの風土を十分に知らなければならない。大塚氏はあれほどイギリスを崇拝し研究しながら、イギリスを訪れることができたのは、たったの一回だった。それは第二次世界大戦後の日本の国際的立場を考えれば、やむをえないことではあるが、大塚氏は文献からイギリスの風土を夢想していたことになる。

その夢想に多くの日本の歴史学者は心酔したのであった。ともに幻想を共有したのである。マルクスによる共産主義社会が幻想の産物であった。前期旧石器の捏造もまた共同幻想の産物にほかならなかった。大塚史学もまた夢想の歴史学だった。

つきつめれば、資本主義も人間の幻想の産物である。自由と民主主義も幻想の産物である。文明は人間の幻想がつくるものだといっても過言ではあるまい。

人はその幻想によって勇気を与えられ、一気一優するのである。あの前期旧石器の捏造でも、ほんのまたたく間ではあったが、前期旧石器が出た地方の市町村の人々は、これで町おこしができると勇気が出たのである。しかし、それはほんのつかの間のことにすぎなかった。偽物は長続きしない。

幻想には本物と偽物があることを知らなければならない。本物の幻想とは一〇〇〇年も継承されるような幻想である。幻想が真に日本人の魂を共鳴させ、日本人が生きるために必要不可欠のものとなってはじめて、本物の幻想になるのである。

最澄や空海の説いた神仏習合の思想のように、一〇〇〇年以上にわたって日本人の心のなかに深く刻まれ継承されるものこそが本物の幻想なのである。私は、そうした一〇〇〇年後でも日本人の心に深く刻まれ継承されるような本物の幻想を創造したいのである。

心のよすがを失ったお父さん

かつての日本の会社はお父さんにとっては共同体であった。死ぬまで面倒をみてくれる共同体の一員として、お父さんは会社に忠勤をはげんだ。しかし、アメリカ型の経済構造の進展によって、日本の会社もまた、畑作牧畜民の「力と闘争の文明[12]」のなかに大きく投げ入れられた。会社はもはや共同体ではなくなった。勝ち組みのみが生き残る、食うか食われるかの戦場になってしまった。

こうして「美と慈悲の文明」の伝統に立脚した日本の共同体社会は、最後にそのよき伝統を残していたはずの日本の企業においても、崩壊への道を歩みはじめ、力と力の闘争による勝ち組みだけが生き残れる、残酷な世界へ変化した。

そしてとうとう、日本人は寄るべき場所を失ってしまった。かつての共同体は崩壊し、最後の寄るべき会社も戦場に変わってしまった。日本人の魂は寄るべき場所を失い、むなしく漂い始め、自殺者が急増した。

弱肉強食の論理が横行する中で、欲望のままに生きることに恥ずかしいという良心の呵責を感じなくなった人々が激増した。力の強いもののみが勝つ。力の強いものは何をしてもかまわない。それは畑作牧畜民の悪の論理の勝利である。その底知れぬ欲望の原点は何に由来するのか。なぜ日本人は恥の文化をうしない礼節を忘れ、利他の精神を忘れたのか。稲作漁撈型のよき伝統を破壊して、日本の社会を弱肉強食の畑作牧畜型の社会に変えてはならないのである。

「美と慈悲の文明」を守り通した日本人

日本ははからずも、戦後七〇年間じっと「哀しみを抱きしめて」不十分ながら福音主義的応戦を実践してきた。それはある意味で人類文明史の奇跡であったと言うことができる。それを可能となさしめたものは何か。それこそが日本人の心の中に数千年にわたって受け継がれてきた、「森の文明の神話・稲作漁撈民の神話」の恩恵にほかならないのである。「アニミズムの神話」の賜物にほかならないのである。二〇一一年の三・一一の東日本大震災の時、誰一人として泣き叫ぶわけでもなく、一つのビスケットを三つに分けて飢えをしのいでいるのに、スーパーマーケットを略奪するような行為は一切起こらなかった。被災者はじっと「哀しみを抱きしめて」耐えた。その日本人の行動は、世界から絶賛された。

それはまた、「いつかはかならず助けてくれる」という他者への信頼があったからできたのである。ところが行政サイドは、食料の備蓄倉庫には山ほどの食料があり、被災者救援の道路も十分に使えたのに「どうやって平等に分配するか」を議論していたのである。被災者にとって一刻を争う時でも、行政の担当者は「平等に分配しないと行政の責任が問われる」ことを気にしていたのである。この庶民と地域のリーダーたちの心の乖離こそが、二一世紀の地域社会の大きな問題になるだろう。

縄文時代以来の森と海とのかかわり、稲作漁撈民の美しい水とのかかわり、美しい「森と海と水の神話」が「利他の心」を養い、「哀しみを抱きしめて」生きる「心の作法」を醸成したのである。それは平和の心にも通じ、美しい森と海と水を守る神話は、「平和と慈悲の心」を醸成したのである。

日本人が長年にわたって利他の精神を維持し、慈悲の心と平和の心を持ち、欲望をコントロールする「心の作法」を醸成できたのは、森と海と水とのかかわりあいにおいて醸成された神話が存在したからである。

自然観や世界観を定量的に表現するのは困難である。定量的に表現できないものは科学的でないという発想のもとに、その自然観や世界観の変化が、この地球環境や文明の興亡にあたえる影響を正当に評価することはなかった。

しかし、人間や民族の行動を決定づけるものは自然観や世界観であり、神話なのである。それは数千年にわたって風土とのかかわりの中で醸成されてきたものである。

縄文時代以来、日本人は森と海を畏敬し、森と海を守る神話を発展させてきた。弥生時代以降は里山の資源を循環的に利用する水の神話を発展させてきた。

それでも、幕末には森林資源が枯渇した。その時、広島藩では御建山や御留山をもうけ、その木を無断で切ったものには、「木一本首一つ、枝一本腕一つ」という厳罰に処した。本帳記帳には実際、久左衛門という山番が御建山の木を無断で切って、翌日即刻打ち首になったという記録が残っていた。

「えっ！木一本無断で切っただけで打ち首だなんて、なんと酷いことをする」。戦後のアメリカ型民主主義教育を受けた私達は、「江戸時代は、なんと人権を無視した残酷非道な社会だったのか」と思い、マルクス主義の歴史教育を受けたものは、「それこそが封建領主が人民を搾取する典型的な事例だ」と見なした。「江戸時代は長い間人権を無視した封建社会だ、だから江戸時代は遅れているし、だめなのだ」と教えられたし、そう思ってきた。

しかし、御建山の木を無断で伐採したら即刻打ち首だという厳罰が存在したからこそ、日本の森は守られてきたのである。今日、国土の七〇パーセントが森で覆われ、その森には二三〇〇億立方メートルの水が毎年毎年貯えられていく。そうした「森と水の大国」を維持し生み出すことができたのは、こうした厳しい森を守る掟と、それを破って死罪に処せられた久左衛門の哀しみがあったことを忘れてはならないだろう。

里山は心の柔軟性を醸成した

日本人は純粋の自然でもない、純粋の人里でもない中間の里山を作り出すことによって、自然と人間の間にゆるやかな関係を構築してきた。

そして、「里山は自然と人間の間のバッファゾーン」を形成した。それはまた「日本人の心の柔軟性」にも通じるものであった。

この里山の重要性を私が指摘したのは、一九八〇年[14]のことだった。「里山の文化」という言葉まで使用している。しかし、人々が里山の重要性について気がつくには、それから二〇年以上の歳月が必要だった。

里山が純粋の自然でもない純粋の人里でもないように、日本人にとっては善悪の区別は明白ではなかった。親鸞上人の「悪人正機説」に見られるように、善人は時には悪人になり、悪もまた善に変わりうるものであった。善悪・白黒の区別は明白ではなく、その間には広大な「グレイ・ゾーン」が存在した。ちょうど自然と人間の間に、自然でもない、人里でもない里山があるようにである。

こうした里山に代表されるように、日本人が自然との間に緩やかな関係を構築したことが、日本人の心の柔軟性、曖昧性を生み出す出発だった。これまでは、この日本人の曖昧性のみが、マイナスのイメージで強調されてきた。

しかし、この善悪をはっきりさせない心の曖昧性、柔軟性こそが、人間と人間、自然と人間が上手につきあうやり方であることに、ようやく日本人も気づきはじめた。

森を破壊することが善である時には森を徹底して破壊し、森を守ることが善になると一転して立ち木一本伐採することを禁止するドイツ人のやり方は、いかにも自然との付き合い方がへただと思わざるを得なかった[15]。日本人にとって善悪の区別は絶対ではなく、価値観は時代とともに有為転変することを、日本人は自然との関係の中でこれまで肌で感じ、体験的に学んできたのである。

自然と人間の関係、支配者と被支配者の関係、善と悪の関係に明白な区別をもうけ、白黒をはっきりさせないと気が済まない畑作牧畜民の「力と闘争の文明」と、日本人のあり方は、根本的に相違する。

その自然との関係、人と人との関係における心の柔軟性こそが、二一世紀の地球環境問題の世紀には見直されなければならないのである。なによりも第二次世界大戦の敗戦で、アメリカを憎むことなく、じっと「哀しみを抱きしめ」て生きることができたのは、まさにこの心の柔軟性の賜物にほかならない。

強い文化と弱い文化

二〇一五年三月五日、フランクフルトでタクシーに乗ったら、運転手が親しげに話しかけてきた。「日本人は歴史と伝統文化にこだわりすぎているのではないか」。「われわれドイツ人は日々が新しい文化の創造で、一〇年前のドイツの文化などもうどこにもない。新しい文化の創造の時代に生きているのだ」と運転手は半ば日本人を見下すかのように誇らしげに話した。

私は「ドイツは移民が持って来た新しい文化が旧来の伝統的なドイツの文化を破壊吸収し、日々刻々と新しい文化が生まれているのだろう」と答えた。彼はドイツ人ではなくパキスタンから四〇年前に移民してきた労働者だった。でももうすっかりドイツ人になりきり、ドイツの新しい文化をとうとうと誇らしげに語った。

私はまだドイツのような事態になっていない日本にホッとした。「パキスタンに帰ることはあるのか」と聞いたら、運転手は「帰っても親は亡くなっているし、知人の家を泊まり歩くだけだから帰らない」と答えた。

ドイツには小さな政府と町があり、ドイツは歴史と伝統文化を堅持している国だと私は思っていた。ところが、現実は移民が持ってくる新しい文化によって大きな影響を受け、移民の数が多くなればなるほど、ドイツの歴史と伝統文化が大きく変質しはじめていることを知らされた。

日本にも早晩このような事態が出現するだろう。現実に東京や京都や大阪の繁華街を歩くと、ほとんどが外国人であることに気づかされる。高齢化と若年労働者の減少による経済の衰退を回避しようとおもえば、大量の移民を受け入れざるを得なくなる。

しかし、移民はそれぞれの歴史と伝統文化を持って日本にやってくる。労働力だけが日本にやって来るわけではない。移民を受け入れるということは、その移民の背後にある文化やライフスタイルそして言語まで受け入れるということである。お祭りのお神輿を担いだことはもちろんなく、決まった時間にメッカに向かって礼拝したり、自分の信ずる信条以外は妥協できない人々と暮らしていかなければならないのである。それが豊かさと引き換えに日本人が覚悟しなければならないことなのである。

移民した側から見れば、それは新しい文化の創造なのかもしれないが、在来の日本人から見ると、それは自分たちの歴史と伝統文化の破壊につながる。そのことに耐える覚悟をはたして日本人は持っているだろうか。

日本民族の魂の根幹を形成する日本神話についてさえ小・中学校の教科書で教えられないのに、どうして日本人は自国の歴史と伝統文化を継承することなどできようか。あれほど自国の歴史と伝統文化にこだわったドイツでさえ、急速にその民族の伝統が失われて行くのにである。日本民族のように自らの歴史と伝統文化を振り返るどころか、恥ずかしい虚構の産物だなどと言って切り捨てている民族の歴史と伝統文化は、瞬く間に失われるだろう。今こそ日本人はしっかりと自らの歴史と伝統文化を学び、それを継承していかねばならない。

「それがグローバル化ということなのだ」と声高におっしゃる人もおられるだろう。だが文化と文化が衝突した時、生き残ることができるのは強い文化・自己主張の強い文化であることを忘れてはならない。

グローバル化のかけ声の下、世界の国々は自国の歴史と伝統文化を切り捨てて、新しい文化を創造する時代に入った。その時、生き残ることができるのは、自己主張の強い文化であり、他者の介入を許さない文化である。その視点から見ると日本の伝統文化は他者にやさしいために、自己主張をしないために、急速に失われる性格を持った弱い文化であると言わざるを得ない。

三つを奪えば日本民族は自滅する

家永三郎氏の教科書裁判で、文部省（現、文部科学省）の福田繁局長は「『古事記』や『日本書紀』をそのまま歴史とみることができない点のみが説かれて、それが古代の文献として有する重要な価値が記されていない」と指摘した。私はその指摘は的を得ていたと思う。しかし、日本の歴史学はほんの最近（二〇一〇年代）までマルクス史観に支配されていた。そんな中、混乱をおこさず世の中を上手にわたりきろうとする歴史学者の増加（いや正確にはそうしないことには歴史学者として生き残れなかった）によって、日本神話は完全に無視され、小・中学校の教科書からは消え去った。そんなことがゆるされていいのだろうかと私は思うのである。第二次世界大戦中の官憲の弾圧と同じく、戦後七〇年間の日本の歴史学はマルクス史観の弾圧を受けたのではなかろうか。

マッカーサーは一つの民族を根絶やしにするには三つの事柄を実施すれば事足りることを知っていた。それは①その民族の言語を奪うこと、②その民族特有の伝統的な食を奪うこと、③その民族の歴史と伝統文化を奪うことである。それはアングロサクソンがネイティヴ・アメリカンを撲滅する過程で学んだことである。そしてその通りのことを進駐軍は断行した。

戦後日本の有識者たちの行動は、このアメリカの戦略に乗せられたのではないかと思わざるを得ないふしもある。さらに戦後日本の学校給食が脱脂粉乳とパン食にかわり、パン食とミルクが米とみそ汁を駆逐し、日本民族の食は完全に西洋化した。そして日本の歴史学者達は、自らの日本の歴史と伝統文化を否定し、日本民族の魂の根幹を形成する日本神話さえ否定したのである。

マッカーサーは自ら手を汚す必要はなかった。それは大和政権がかって「蝦夷を持って蝦夷を征す」方針をとったのと同じだったのではないかと私は思う。進駐軍は「日本民族を持って日本民族を征しようとした」のである。そしてそれが今、グローバル化の美名の中で着々と浸透している。

いまこそ一三〇〇年以上前に造られた日本民族の魂の根幹を形成する日本神話の価値を、マルクスというような畑作牧畜民の子孫の歴史観を通して評価するのではなく、日本民族の稲作漁撈民の神話として再評価すべき時なのではなかろうか。

美と慈悲の文明の神話が人類を救う

世界がいやこの日本が、畑作牧畜民の「力と闘争の文明」の神話によって破滅への道を歩みだしたかに見えるこの二一世紀に、まったく偶然とはいえ「力と闘争の文明」とは異質の稲作漁撈民の「美と慈悲の文明」の神話の発見があった[12]。

「美と慈悲の文明」は、対決や闘争を前面に押し出して問題の解決にあたるのではなく、マハトマ・ガンジーの無抵抗・非暴力主義、大乗仏教の利他の行、アニミズムの慈悲の心、トインビーの福音主義的応戦を積みかさねてきた文明であった。

その「美と慈悲の文明」の代表が森の文明としての「縄文文明」であり、稲作漁撈文明としての「長江文明」であった。

この二つの文明の発見は私達によってなされた。私達が「縄文文明」の存在を提唱した時も、「長江文明」の存在を提唱した時にも、今日のような事態がやってくるとは夢にも思わなかった。

むしろ私達が「縄文文明」や「長江文明」の存在を提唱した当時には、ありもしない文明を提唱し、学会に混乱をもたらしているという批判のほうが強かった。

二一世紀、世界が畑作牧畜民の「力と闘争の文明」の神話によって破局的終末へと突き進むかに見える時に、「力と闘争の文明」とはまったく異質の稲作漁撈民の「美と慈悲の文明」の神話が二一世紀の開始とともに発見されたことは、偶然とはいえそれは神の啓示であったのかもしれない。

誰の目にもこの「力と闘争の文明」をこのまま推し進めれば、人類が破滅に向かうことは明らかである。その破滅と破局への道を、平和と繁栄への道に切り替えるためには、人類文明史の潮流を「力と闘争の文明」から「美と慈悲の文明」へと一八〇度転換しなければならないのである。(12) はたしてそれができるか。それを行なうためにはどうすればいいのか。

私はあらゆる物事の原点に、神話が深くかかわっていると見なす。神話とそこから生まれた歴史観や文明史観は有形・無形に人々の考え方や行動に大きな影響を与える。

人類文明史の潮流を畑作牧畜民の「力と闘争の文明」から稲作漁撈民の「美と慈悲の文明」へと一八〇度転換するためには、一人一人の神話と歴史観・文明史観が変わるしかない。そして一人一人の神話が変われば、ある時、ダムの水があふれるように一気にこの世界は変わるのである。

「美と慈悲の文明」の世界観に立脚した神話でこの日本を建て直すのである。日本は「慈悲に満ちた美しい森と水の大国」をめざすのである。

参考文献

(1) 安田喜憲『文明の環境史観』中公叢書、二〇〇四年
(2) 津田左右吉『津田左右吉全集　第1巻　日本古典の研究 上』岩波書店、一九六三年
津田左右吉『津田左右吉全集　別巻1』岩波書店、一九六三年
(3) 梅原　猛『古事記』学研M文庫、二〇一二年
(4) 家永三郎『家永三郎集　第八巻　裁判批判　教科書検定論』岩波書店、一九八九年
(5) 安田喜憲『稲作漁撈文明』雄山閣、二〇〇九年
(6) 永原慶二「追悼文集刊行会」編『永原慶二の歴史学』吉川弘文館、二〇〇六年
(7) 宇澤弘文『農業協同組合新聞』二〇〇九年二月二〇日
(8) 山折哲雄『さまよえる日本の宗教』中公叢書、二〇〇五年
(9) 竹内信夫『空海入門―弘仁のモダニスト』ちくま新書、一九九七年
(10) カール・ヤスパース（重田英正訳）『歴史の起源と目標』理想社、一九六七年
(11) 大塚久雄『大塚久雄著作集　全十巻』岩波書店、一九六九年
(12) 川勝平太・安田喜憲『敵を作る文明・和をなす文明』ＰＨＰ、二〇〇三年
(13) 斎藤清明『今西錦司伝』ミネルヴァ書房、二〇一四年
(14) 安田喜憲『環境考古学事始』ＮＨＫブックス、一九八〇年
(15) 安田喜憲『一神教の闇―アニミズムの復権』ちくま新書、二〇〇六年

第Ⅲ章　日本神話のルーツは長江文明だった

一　ヤマタノオロチ神話

ヤマタノオロチは何を語るのか

ヤマタノオロチ神話は日本人なら誰でも知っている。それは「草薙の剣」をめぐる物語でもある。「草薙の剣」は、名古屋市にある熱田神宮のご神宝である。この「草薙の剣」の最初の名前は、アメノムラクモノツルギという（図3）。この剣は、スサノオノミコトがヤマタノオロチと戦った時に、オロチの尻尾の中から発見したものである。それは大蛇の剣であった。

『日本書紀』には「スサノオノミコトがヤマタノオロチを退治した時に、剣で尻尾を切ったところ、カチンと音がした。なんだろう、と思って大蛇の身体を見ると、そこにはアメノムラクモノツルギがあった」と言うのである。

スサノオノミコトは、アメノムラクモノツルギをアマテラスオオミカミに献上した。アマテラスオオミカミは、そのアメノムラクモノツルギを、高天原から日本列島に稲作と新しい文明を持ってやってきたニニギノミコトに下した。高天原から、日本の大八州国にやってきたニニギノミ

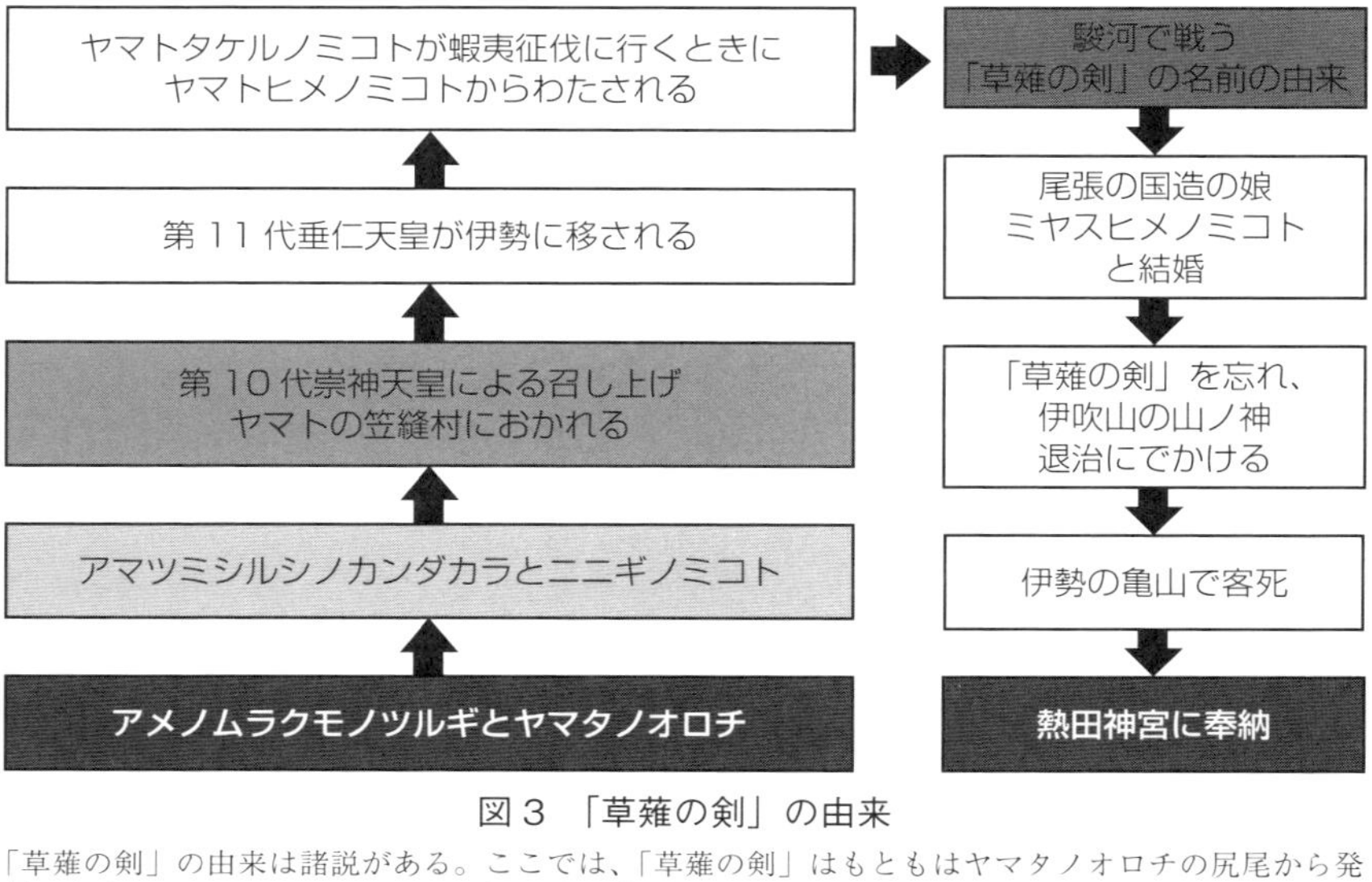

アメノムラクモノツルギとヤマタノオロチ
アマツミシルシノカンダカラとニニギノミコト
第10代崇神天皇による召し上げ
ヤマトの笠縫村におかれる
第11代垂仁天皇が伊勢に移される
ヤマトタケルノミコトが蝦夷征伐に行くときに
ヤマトヒメノミコトからわたされる
駿河で戦う
「草薙の剣」の名前の由来
尾張の国造の娘
ミヤスヒメノミコト
と結婚
「草薙の剣」を忘れ、
伊吹山の山ノ神
退治にでかける
伊勢の亀山で客死
熱田神宮に奉納

図3　「草薙の剣」の由来

「草薙の剣」の由来は諸説がある。ここでは、「草薙の剣」はもともとはヤマタノオロチの尻尾から発見されたアメノムラクモノツルギだったという説をとる。

コトに、アメノムラクモノツルギを渡したのである。それは、アマツミシルシノカンダカラいう名前で呼ばれるが、もともとはアメノムラクモノツルギである。

この剣を引っ提げて、ニニギノミコトは日本へやってきた。その剣は、長い間、宮中に保管されていた。しかし第十代崇神天皇の時に、宮中から消えてしまった。『日本書紀』の崇神天皇六年には、大殿の内に祀っていたアマテラスオオミカミを、初代の斎王であったと言われるトヨスキイリヒメノミコトに託して大和の笠縫村で祀らせたと記載されている。おそらく宝剣としてのアメノムラクモノツルギもその時、笠縫村に移されたのであろう。大和の笠縫村とは奈良盆地の中央の唐古・鍵遺跡の周辺であったろうと推定されている。これは、崇神天皇が召し上げた、と言われている。そして、大和の笠縫村に一時的に保管される。こうして笠縫村に置かれたあと、第十一代の垂仁天皇が、伊勢の斎宮にお移しになる。『日本書紀』垂仁天皇一五年の条にはアマテラスオオミカミをトヨスキイリヒメノミコトから離し、ヤマトヒメノミコトに託し、伊勢の五十鈴川のほとりの地にお祀りしたと記載されている。

このアメノムラクモノツルギの名前が知れ渡るのは、第十二代景行天皇の皇子、ヤマトタケルノミコトによってである。ヤマトタケルノミコトが蝦夷征伐に赴く時に、斎宮の伯母であるヤマトヒメノミコトを訪れた。伯母のヤマトヒメノミコトは、斎宮にあったアメノムラクモノツルギを、ヤマトタケルノミコトに与える。(1)ヤマトタケルノミコトは、それを持って東国の征伐に出かける。駿河で火に囲まれ危機に陥いった時に、持っていたアメノムラクモノツルギで周囲の草木をなぎはらい、生命が助かったので、「草薙の剣」という名前がついた。

蝦夷を征伐して帰ってきたヤマトタケルノミコトは、尾張の国造のミヤスヒメノミコトと結婚する。結婚をして、しばらくは幸せに暮らすが、伊吹山の山の神を退治しに行くことになる。ところが、退治に行く時に「草薙の剣」を持っていかなかった。剣をミヤスヒメノミコトに預けて、伊吹山へ行った。すると、伊吹山の山の神に返り討ちに遭い、現在の三重県亀山村で三重に折り重なって亡くなる。残されたミヤスヒメノミコトは、剣を熱田神宮にお祀りした。

これが、『日本書紀』に書かれた「草薙の剣」の由来である（図3）。前述のとおり「草薙の剣」は、もとはアメノムラクモノツルギと呼ばれていて、スサノオノミコトが高天原で退治した大蛇が持っていたものである。それをスサノオノミコトがアマテラスオオミカミに献上し、アマテラスオオミカミは日本に新しい稲作の文明を持ってきたニニギノミコトに与えた。それは、一名アマツミシルシノカンダカラと呼ばれた。

だが第十代崇神天皇の時に、日本に起こった混乱の際、一時、行方不明になった。そして、それを取り戻した垂仁天皇が伊勢に移されて、その後、ヤマトタケルノミコトの手に渡り、ヤマトタケルノミコトの死後、ミヤスヒメノミコトによって熱田神宮に保管されることになったのである。

このヤマタノオロチの尻尾から出て来た「草薙の剣」の日本神話は、権威ある日本の神話学者によってこれまでペルセウス・アンドロメダ型の神話と呼ばれてきた(2)。だが日本神話が書かれた時に、太安万侶や稗田阿礼さらには舎人親王は、ギリシャ神話のことを知っていたのであろうか。それは勝手な現代の神話学者の妄想なのではあるまいか。ギリシャ神話が畑作牧畜民の神話の代表であるとすれば、日本神話は稲作漁撈民の神話の代表である。その日本神話を語る時、ギリシャ神話を模範として類型化したのでは、日本神話の重要性もその特殊性もましてや未来の人類文明史に果たすべき役割さえ見えなくしてしまうのではあるまいか。ヤマタノオロチの神話はやはり、稲作漁撈文明の神話として論じてこそ意味がある。百田弥栄子氏(3)は中国の説話から、豊穣を志向し平安をもたらし心根の良い子宝を授ける「豊穣の剣」であったと指摘しているが、そのほうがよほどまともな神話解釈であるように思う。

この『日本書紀』の「草薙の剣」の物語には、日本列島に稲作漁撈文明が長江下流域から伝播したという歴史と、その後、稲作漁撈民が縄文人の子孫である東国の蝦夷を征伐しながら日本を支配していった歴史が語られているのではないかという説を本章では論証したい。

二　四二〇〇年前の気候変動と長江文明の崩壊

長江文明の崩壊と民族移動

一九九一年から、私たちは中国の長江流域で調査、研究を続けてきた。そして、長江流域には、お米を食べて魚を食べる稲作漁撈民が、巨大な長江文明を発展させていた(4)。日本の山岳信仰も長江文明にルーツがあった(5)。

この長江文明は、今から約四〇〇〇年前に、突然、衰亡した。なぜ衰亡したのか。それは第Ⅳ章で詳述するように、この時代に大きな気候変動があったからである。

北方から畑作牧畜民が気候悪化によって大挙して南下してきた。彼らは、長江流域に住んでいた人々を蹴散らした。

長江流域に住んでいた人々は、「三苗」と呼ばれた。たとえば、司馬遷の『史記』には、「三苗がたびたび反乱するので、黄帝や炎帝が何度も征伐に行った」と書かれている。

四〇〇〇年前以降、気候悪化によって北方から大挙して畑作牧畜民が南下してくると、長江流域の城頭山《じょうとうざん》遺跡などに住み、長江文明を担った人々は、雲南省や貴州省の山岳地帯に追いやられた。一方、海岸付近にいた呉越の人々は、ボート・ピープルとなって日本や台湾へやってきた（図4上）。

長江中流域にいた人々のうち、雲南省に逃れた人々は、滇池《てんち》のほとりで高い文化を発展させた。それが、滇《てん》王国の文化である。時代は、ちょうど、日本の弥生時代にあたる。

二五〇〇年前の滇王国がどんな文明だったのかは、さまざまな彫刻が残っているので、これをもとにして当時

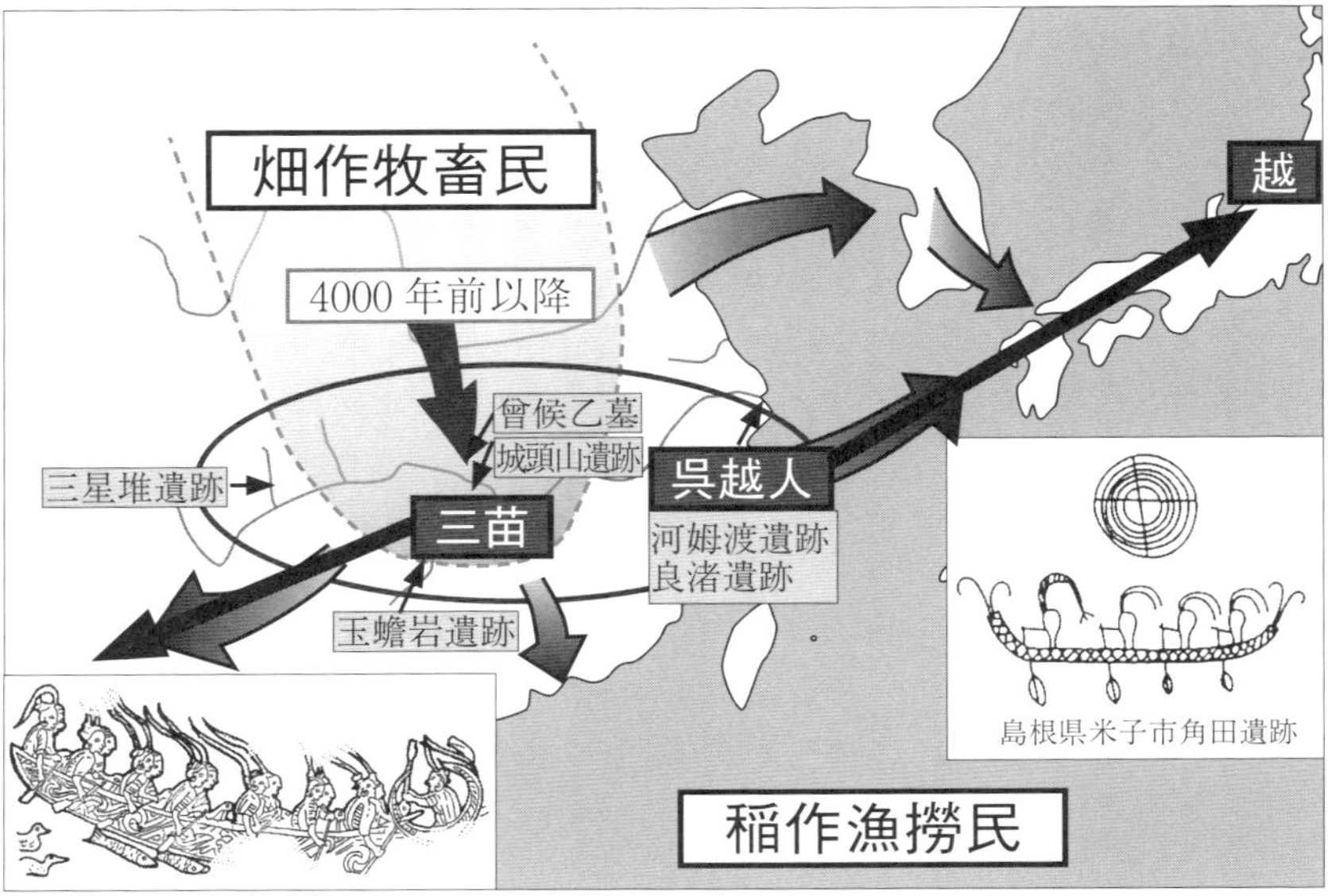

図４　畑作牧畜文明の侵略（上）・島根県角田遺跡出土絵画土器（下）

（上）長江文明は4200〜4000年前と3500〜3200年前に引き起こされた気候変動の影響を受けて畑作牧畜民の侵略を受けた。内陸部の人々は雲南省や貴州省に逃げ海岸部の人々はボート・ピープルとなって台湾や日本列島に逃れた。右下の図は鳥取県淀江町の弥生時代角田遺跡から出土した弥生時代の土器にもとずく復元図（註17 千田2005）。左下の図は雲南省滇王国の青銅器に彫金された図（張増祺『晋寧石寨山』雲南省美術出版社、1998）。いずれも羽飾りの帽子をかぶった人々が舟を漕いでいる。（下）鳥取県淀江町の角田遺跡から出土した弥生時代の土器に描かれた羽飾りの帽子をかぶった人々は、出雲大社のような高層建築に向かって右から左へと船を漕いでいる（輪郭線は著者）。

（撮影小川忠博／米子市教育委員会所蔵）

の文化を推測することが可能である。

ヤマタノオロチ伝説の故郷は長江だった

雲南省の滇王国は、女性中心の社会だった。だからその原型となる六〇〇〇年前の長江文明も、おそらく女性が大きな力を持っていたと推測できる。滇王国でもっとも崇拝されていたのは、蛇である。滇王国は、女王国であるとともに蛇王国だった。

図5は、二匹の蛇が注連縄のように絡み合って、雄牛に食い付いている滇王国の青銅の彫刻である。二匹の蛇が絡み合っている姿は、まさに注連縄そのものである。注連縄とは、二匹の蛇が絡み合う姿を現したものだという吉野裕子先生のご指摘(6)はまさに正しかった。なぜ、これが神聖なのか。それは蛇の交尾の時間が長いからであった。セックスの時間が長かった。一五、六時間も絡み合う。その激しい性のエネルギーは、豊かな実りをもたらす豊穣のシンボルと見なされた。だから注連縄の原点は蛇なのである(6)。

滇王国には、ほかにも蛇の彫像がたくさんある。蛇の籠のようなもの(図6)、ベルトにつけるバックルにも蛇が絡まっている(図7)。蛇の形をした剣の柄もある。滇王国の出土品は蛇だらけである。

滇王国の青銅製品には、日本の神社とそっくりの高床式の建築物があ

図5　雄牛に食らいつく2匹の交尾する蛇
注連縄の原型は2匹の交尾する蛇だった。
(雲南省李家山遺跡出土　玉渓地区行政公署編『雲南省李家山青銅器』雲南人民出版社 ,1995)

図6　蛇を造型した籠のような青銅製品
(雲南省李家山遺跡出土　玉渓地区行政公署編『雲南省李家山青銅器』雲南人民出版社 ,1995)

る。その建物の前には蛇がおいてある。この神殿（図8）は蛇神殿だったのである。奈良県大神神社や宮城県金華山神社や金蛇神社など、蛇をご神体にする神社は多いが、そのルーツは長江の稲作漁撈民の文明にある。日本の神道が長江の稲作漁撈文明に、そのルーツを持つことは間違いないのではないか。

滇王国の時代のお金は子安貝だった。雲南省ではところによっては清代まで、この貝のお金は使われていた。その貝のお金を入れた青銅製の貯貝器には、いろいろな彫像が彫られてい

図７　蛇が造型されていたバックル

（雲南省李家山遺跡出土　玉渓地区行政公署編『雲南省李家山青銅器』雲南人民出版社 ,1995）

図８　青銅で作られた高床式の建物

日本の神社建築とそっくりな高床式の建物の前には蛇が飾られていた。（張増祺『晋寧石寨山』雲南省美術出版社、1998、雲南省博物館編『雲南省博物館』文物出版社、1991）

図９　雲南省滇王国石寨山遺跡から出土した貯貝器

２匹の大蛇の生贄になろうとする素っ裸の女性（右・拡大）、それを平然と見下ろしている駕籠に乗った女性が見える（左）。（雲南省博物館編『雲南省博物館』文物出版社、1991）

る。その中に、素っ裸の女性が柱にくくりつけられた彫像があった。そして隣の柱には、二匹の大蛇がぐるぐる巻きになって柱にからみついていた（図9）。これは、いったいなんだ。戦慄がはしった。

女性は髪の毛を柱に結わいつけられ、後ろ手で素っ裸で柱にしばりつけられていた。女性の傍らで、駕籠に乗った女性が悠然と見ている（図9）。青銅の太鼓が打ち鳴らされている。私の脳裏には、J・フレイザーが『金枝編』(7)で紹介している、ネミの森の王の王権の交代の儀礼がよぎった。素っ裸で柱にしばりつけられた女性は前の女王か、もしくは前の巫女なのではなかろうか。災害や日照りを女王や巫女が鎮められなかった時、生贄になり殺され、王権が交代する。

雲南省には、ごく最近までマンと呼ばれる大蛇がいた。八～一〇メートルの長さで、実際にヒツジや人間を食べたという記録もある。そのマンと呼ばれる大蛇に、滇王国では、人間が実際に生贄になっていたのである。人間が大蛇に生贄になる。「これはヤマタノオロチと同じ話ではないか！」。私は興奮した。

卜部兼方本『日本書紀』第一巻神代上第八段宝剣出現章(8)には、スサノオノミコトがヤマタノオロチを退治した物語が書かれている。

「スサノオノミコトが出雲の斐伊川をさかのぼると、川上から老夫婦の泣き声が聞こえてきた。聞けばアシナヅチ・テナヅチと名のるその国神の老夫婦は、これまで娘を毎年ヤマタノオロチに生贄として捧げてきた。今、クシナダヒメを生贄に捧げなければならないと言う。そこでスサノオノミコトは、大蛇退治にでかける。ヤマタノオロチの頭は八つあり、眼は赤く、背中には木が生え、八つの丘と八つの谷にまたがる巨大さだった。スサノオノミコトは八つの酒樽を用意して、その酒樽にヤマタノオロチが頭をつっこんで、酔っぱらって寝込んでいるすきに、ヤマタノオロチを退治した。尾の部分から一振り剣がでてきた。アメノムラクモノツルギである。スサノオノミコトは、神《あや》しき剣であり、自分は所持できないと、これをアマテラスオオミカミに献上した」。

日本にはヤマタノオロチのような大蛇は存在しない。ではどこから、日本人はそんな情報を得ていたのか。おそらく長江流域からであると思われる。長江流域の六〇〇〇年前の城頭山遺跡からは、ゾウやサイの骨が発見された(4)。当時は亜熱帯的気候の下で、長江中下流域にも、マンのような大蛇が生息していたものと見なされる。雲南省には、最近まで大蛇が生息していた。そして、実際に滇王国では、大蛇に人間を生贄にする儀礼が行なわれていた。

「大蛇に人間を生贄にするという儀礼が、長江流域では神聖な儀礼として行なわれていて、それが日本の神話に入ってきた」と考えざるを得ない。ヤマタノオロチの神話のルーツは長江にある。テナヅチ・アシナヅチという老夫婦の名前も、手のない足のない蛇を連想させる。ヤマタノオロチが八つの頭、八つの谷などという数字にこだわって記載されていることも、八という数字を最高のものとした長江流域の稲作漁撈民の影響を考えざるを得ない。

「草薙の剣」は、もともとアメノムラクモノツルギと呼ばれた。それはスサノオノミコトが大蛇の尾から見つけたものであった。剣が尾に入るほどの巨大な大蛇がいるのは、長江流域しかない。とすれば、ヤマタノオロチの神話は長江から来たことになる。日本神話のはじまりは、まず長江の稲作漁撈民の神話に深く関係していると考えなければならない。

三　長江文明の神話を今も伝える中国の少数民族と日本神話

ミャオ族の暮らし

こうした長江文明や滇王国の文化の伝統を強く受け継いでいる人々が、現在の雲南省や貴州省には暮らしている。その一つが、ミャオ族（苗族）である。司馬遷の『史記』に三苗と書かれている民族がいた。ミャオ族はおそらくその子孫であろう。

ミャオ族の人々は、村をつくる時に、必ずフウの木でつくった蘆笙柱《ろしょうばしら》を広場の真ん中に立てる。彼らにとっては、柱が大事なのだ。柱こそが、この集落の中心のシンボルになる。それは天と地を結ぶ心の御柱なのである（図10右・左）。そして、その柱の上には鳥がとまっている。鳥は、天と地を往来するものであり、柱と同じく天と地をつなぐものであることは、すでに述べた(9)とおりである。そして鳥は、太陽が昇る東のほうを向いている。

フウの木は、中国語では風香樹という。風が香る木である。なんとすばらしい名前であろうか。蘆笙柱は、フウの木でつくらなければならない。どんな木でもよいわけではない。なぜかというと、彼らは「自分たちがフウの木の子孫である」と考えているからである。

カエデの葉が大きくなったようなフウの木の葉は、秋になると真っ赤に紅葉する。フウの木は日本にも、第三紀という時代まではあった。しかし、第四紀の氷河時代に絶滅した。現在は、日本でも街路樹として植えられているが、これはすべてアメリカからきたもので、アメリカフウである。それでも秋になるとやはり真っ赤に紅葉する。秋になったらぜひご覧いただきたい。

ミャオ族の伝承には、北方から畑作牧畜民が攻めてきた時

図10　中国ミャオ族の蘆笙柱

中国ミャオ族の蘆笙柱はフウの木でつくられ、通常集落の真中に建てられる（左）。その蘆笙柱の上には鳥がとまって、太陽が昇る方向を向いている（右）。

に、こんな物語が生まれた。「北方から黄帝や炎帝が攻めてきたので、我々の先祖はその皇帝と戦った。しかし、祖先は戦いに負けて、首をはねられた。首をはねられた時、自分たちの祖先の血がフウの木の葉について、真っ赤に色づいたのだ」という。悲しい民族の歴史を、真っ赤なフウの木の紅葉にたとえた、なんと悲しくも美しい物語ではないか。

　お祭りの時には銅鼓を打ちならし、この蘆笙柱のまわりを着飾った人々が、円になって反時計廻りに踊る（図11）。その銅鼓の真ん中には、必ず太陽が彫金されている。

　四二〇〇年前に大きな気候変動が起こり、長江文明が衰亡した。長江文明は、「三苗」という人々によって担われていた。ところが、北方から大挙して畑作牧畜民がやってくると、「三苗」と呼ばれる人々は追い出されて、現在の雲南省や貴州省の山中に逃げ、そこで、滇王国を作った。それは、蛇王国だった。大蛇に人間を生贄にする文化を持っていた。同時に、この滇王国の子孫は、現在の中国の少数民族であるミャオ族となるが、彼らも長江文明の伝統を強く持っていた。[10]

図11　中国ミャオ族の祭り

蘆笙柱のまわりを反時計まわりにまわって踊るミャオ族の人々、女性は着飾り男性は銅鼓や笙で音楽を奏でる（撮影竹田武史）。

日本にやってきた呉越の人々

　一方、四〇〇〇年前の中国の大民族移動期に、海岸部には呉越の人々がいた。彼らも、「三苗」と呼ばれる人々のグループであった。やはり北方から異民族がやってくると、移動を余儀なくされて、ボート・ピープルとなった。そして台湾や日本にやってきた。日本に稲作をもたらした人々は、今までは山東半島経由、朝鮮半島経由で日本にきた北方の人々と考えられていた。しかし、最近の佐藤洋一郎氏[11]の稲のＤＮＡの分析結果や篠田謙一氏[12]の人間のＤＮＡの分析結果から、じつは長江から直接、東シナ海をわたって日本へきたものもあった可能性が出てきた。

さらに、それ以外にも、長江流域から人々が東シナ海を越えてやってきた考古学的な証拠もある。図4下には、鳥取県淀江町の角田遺跡から見つかった、弥生時代の土器に描かれた絵を示してある。ここには、羽根飾りをつけた人が、出雲大社のような大きな建物に向かって船を漕いでいる。背後には太陽が描かれている。

同じような絵は、雲南省の滇王国でも見つかっている。図4上の左下は、滇王国の青銅器の貯貝器の表面に彫金されたやはり羽根飾りをつけた人物が、船を漕いでいる図像である。鳥の羽飾りの帽子の元祖は、浙江省良渚遺跡の五〇〇〇年前の玉琮に彫られた神獣人面文様である。アメリカ・インディアンのような鳥の羽飾りの帽子をかぶった人間が、虎と見なされる怪獣の目に触っている図像は、これまで何回も紹介してきた[10]。

つまり、もともと長江流域には、鳥を崇拝し、鳥の羽飾りの帽子をかぶった人々がいて、その一方が西の雲南省や貴州省へ、一方が東の日本へきたことが、ここに示されている。しかも彼らは航海術に長け、長江のみならず東シナ海や日本海を自由に往来していたということである。彼らこそ長江文明の末裔の稲作漁撈民であった。

長江流域に住んでいた「三苗」の三という数字は重要である。なぜ、四種でも五種でもなく「三種の神器」なのかという謎がそこには語られている。三を聖数にする。これは、「三苗」の三ではないかと思う。長江からやってきた人々の祖先の名前なのである。長江流域にいた「三苗」という人たちこそ自分達の祖先である。だから三が日本人にとっても聖数となったのではあるまいか。大和三山、日本三山、日本三景というように、聖地には三という数字がつく[13]。出雲大社の大きな柱も、三本の柱を一本に束ねていた。

日本人にとっては三が聖数になるのは、長江流域の稲作漁撈民の祖先、文明のルーツが「三苗」だったからではないのか。だから、四種の神器ではなく、あくまでも「三種の神器」でなくてはならないのである。一は孤立、二は対立を生むが、三は和を生む。三は和を愛した稲作漁撈民の聖数だったのではあるまいか(10)。

日本に残る長江文明の遺産

ミャオ族と同じく、今でも、私たち日本人は鳥を崇拝している。たとえば、熊野神社のシンボルはヤタガラスである。このヤタガラスの足も三本足である。やはり三が重要なのだ。ヤタガラスは、どこからきたか。まさしく長江からきた（図12）。

諏訪大社の御柱。伊勢神宮の心の御柱、熱田神宮の五柱をあげるまでもなく、柱は神道の重要なシンボルになっている。この柱を大切にするところも、長江流域のミャオ族と同じである。

そして、伊勢神宮は太陽を崇拝する日本神道の最大の聖地である。二見浦の夫婦岩の間から太陽が昇ってくる。なぜ夫婦岩は注連縄によって結ばれているのか。これは、二匹の蛇が交尾をしている様をあらわした注連縄で結ばれることにより、夫婦岩がセックスをしていることを示す。そのセックスをしている夫婦の間から、子どもとしての太陽が生まれてくる。その生まれ出た太陽が、アマテラスオオミカミ（図13）にほかならないのである。

図12　熊野神社のヤタガラスも３本足だった

以上のように、日本の神道は長江文明とたいへん深い関係がある[14]。日本神話は長江文明にルーツを持つ稲作漁撈文明の神話なのである。

ところが、これまで日本の神話は、皆、朝鮮半島経由の北方ルートとの関係でばかり考えられてきた。畑作牧畜民の視点で日本神話を考えた。南方とのかかわりに注目してきた大林太良氏[15]らの時代には、長江文明の存在が明らかになっていなかった。このため長江流域よりもむしろ、東南アジアと日本神話のかかわりが深いと指摘されてきた。もちろん東南アジアの人々もまた、四〇〇〇年前以降に、長江流域から南下してきた人々であるから、類似した神話を持っているのは当然である。しかし、それは本家本元ではなく分家を調べて、日本神話との関係性を論じていたことになる。

日本神話の本家本元は、長江流域の稲作漁撈民の神話なのである[16]。東南アジアの神話も、日本の神話と同じく長江文明の分家の神話なのである。ようやく近年になって千田稔氏[17]らによって、長江文明とのかかわりが論じられるようになった。

日本神話は長江文明にはじまる稲作漁撈文明の神話なのであるから、黄河文明や朝鮮半島経由の畑作牧畜民の視点では

図13　二見浦の夫婦岩とアマテラスオオミカミ

注連縄で硬く結ばれた夫婦岩の間から太陽神アマテラスオオミカミが誕生する。
（右：© 東 逸子／神話絵本「アマテラス」ほるぷ出版、1997年より）

十分に理解できないことを、神話の研究者はぜひとも心にとめていただきたい。

四　ワニは玉を採りにきた長江の人々だった

長江からやってきたニニギノミコト

日本神話ではアメノムラクモノツルギ（アマツミシルシノカンダカラ）を貰い受けて、高天原からニニギノミコトが薩摩半島の南西端の笠沙の黒瀬海岸に漂着したことになっている。これまでは、こんなものは虚構だと考えられていた。古代の人々は土地勘がないので、方位を誤認して適当なことを書いたと思われていた。

「なぜ、南九州だと言うのか。文明は全部、朝鮮半島経由できているのだから、北九州からくるはずだ」という思いこみが日本の古代史家にはあった。有名な古代史の先生さえも、「笠沙上陸説は方位を間違ったのだ」と指摘されたことがある。邪馬台国の場合でも、魏志倭人伝に示された場所がどこにあったのか、という話をする時に、「東を南に読み間違えたのだ」と書く人がいる。しかし、古代の人々が方位を間違うはずがない。ＧＰＳによって方位の感覚を失いつつある現代人ならともかく、古代の人にとっては太陽や星の位置から測定する方位は、旅をする上できわめて重要なものであり、現代人以上に方位には敏感で、かつこだわったはずである。だから北九州に上陸したものを、後世の人が北と南をあやまって、南九州と記載するようなことはまずないと見なければならない。「南九州にニニギノミコトが漂着した」という、『日本書紀』の記述どおりに読まなければならないのである。

長江文明を考えれば、大陸からきたものが南九州に上陸するのは当たり前である。鳥の羽飾りの帽子をかぶった人々が、長江の下流を船出して、対馬暖流に乗れば、真っ先にやってくるのは南九州である。南九州のあと漂着しやすいのは出雲であり能登である。南九州の笠沙に、新しい文明を持った人々がやってきたことは、間違いない。そして、ニニギノミコトは、黒瀬海岸に降り立った後、コノハナサクヤヒメ（図14）と結婚する。結婚した二人の間には、子どもが生まれる。それは、ウミサチヒコとヤマサチヒコである。

海幸と山幸の物語

「ニニギノミコトとコノハナサクヤヒメの子どもであるウミサチヒコとヤマサチヒコの兄弟が、ケンカをする。ヤマサチヒコは、ウミサチヒコから釣り針を借りる。ところが、その釣り針を失ってしまう。ウミサチヒコが釣り針を探してこいというので、ヤマサチヒコは仕方なく釣り針を探しに海底のトヨタマヒコの宮へ行く。そこで、トヨタマヒメと出会う。

青木繁氏が、ヤマサチヒコがトヨタマヒメと出会う状況を描いている（図15）。ヤマサチヒコがトヨタマヒメと出会う時、ヤマサチヒコはカツラの木に座っている。カツラの木は、中国語で連香樹という。ミャオ族が大事にしていたフウの木は、中国語で風香樹と書いた。日本には、風香樹はない。だから、それに近い名前のカツラの木を選んだのではないか。カツラの木はひこばえが多数出て、成長する生命樹にふさわ

図14　ニニギノミコトはコノハナサクヤヒメと結婚する
（堂本印象 画《木華開耶媛》1929年、京都府立堂本印象美術館蔵）

しい木である。

ヤマサチヒコは口から玉を瓶に落とす。それによって、トヨタマヒメに仕えている女性がヤマサチヒコを発見する。玉が二人を結びつけるのである。いうまでもなく玉は長江文明でもっとも重要なものだった。そして、ヤマサチヒコとトヨタマヒメは結婚する。結婚後、日本に帰ってきて、ウミサチヒコをやっつける」というのが「海幸、山幸の物語」である。

その後、ヤマサチヒコとトヨタマヒメの間には、子どもができる。トヨタマヒメは出産の準備のために、鵜の羽を敷き詰めた産屋に入る。鵜という鳥の羽を敷き詰めた産屋に入って子どもを生む。鵜もまた、長江を代表する鵜飼いに使われる鳥である。鵜飼いは日本でも長良川などで行なわれているが、そのルーツは長江にある。鵜

図15　ヤマサチヒコは釣り針をさがしに海の底のトヨタマヒコの宮に行く。トヨタマヒメはカツラの木に隠れていたヤマサチヒコと会い結婚する。
（青木 繁 画《わだつみのいろこの宮》1907年、石橋財団石橋美術館蔵）

飼いは照葉樹林文化、長江文明の代表的な魚の獲り方であった。

トヨタマヒメは鵜の羽を敷き詰めた産屋で、子どもを生む。その時に、トヨタマヒメはこんなことも言っている。「子どもを生む時は、先祖返りをします。ですから、私の姿を見ないで下さい」と。ところが、ヤマサチヒコは心配になって、見てしまう。すると、「産屋のなかのトヨタマヒメはワニになり、のたうち回って子どもを生んでいた」と書かれている。トヨタマヒメの先祖はワニだった。ワニはどこに棲んでいるか。東アジアでは揚子江ワニが北限に生息するワニである。つまり、ワニは長江以南にしかいない。したがって、「トヨタマヒメは長江からきた」ということになる。

ヤマサチヒコがウミサチヒコとケンカをした時に、彼はどこへ助けを求めに行ったのか。それは、祖先であるニニギノミコトの故郷、長江だったのではないのか。そこで、ヤマサチヒコは妻をめとり、新しい技術をマスターして日本へ帰ってきた。「海幸、山幸の物語」とは、そういう物語なのではないかと私は思う。もっと想像をたくましくすれば、ニニギノミコトの故郷である高天原とは、長江ではなかったのか。

ワニが語る長江との交流

これまで『日本書紀』や『風土記』に出てくるワニを、サメやフカであると解釈したり、ひどいのは龍であると勝手に解釈するのが通例であった。しかし、これらの『日本書紀』や『風土記』に出てくるのは明らかにワニなのである。ワニをサメやフカましてや、龍などと勝手に解釈したのでは、記紀が語る日本文明史の真実に目を閉ざすことになる。

ワニは長江流域以南にしか生息しないものであった。そのワニは長江からやってきた人々のことであったのではないか。では彼らは何のためにやってきたのか。それは長江の人々がもっとも愛した玉をさがすためだったのではないか。

ワニをそのまますなおにワニと解釈し、その神話的意味をさぐった越野真理子氏[18]が指摘しているように、ワニは玉をさがしに日本列島にやってきたのである。なぜならワニの恋人はいつもタマクシヒメやタマヒメであったからである。

『日本書紀』弟八段一書の六には、「コトシロヌシが八尋ワニになって三嶋のタマクシヒメに通った」こと、『出雲風土記』仁多郡恋山には「ワニが亞伊の村の神タマヒメを恋い慕って川を登ってきたこと」、『肥前風土記』佐嘉郡には「ワニが川上のヨタヒメという石神を慕って毎年毎年ながれにさからって登ってくる」と書かれている。いうまでもなく、長江文明は玉器文明であった[4]。至宝は玉器であった。その玉を求めて、すでに縄文時代に中国の人々は姫川流域にまでやってきていたのではないかというのが私の長年の仮説[19]である。『日本書紀』や『風土記』のワニが川をさかのぼってタマクシヒメやタマヒメに会いに行くという記述は、まさに長江の人々がタマすなわち玉を求めてやってきたことを意味するに違いない。ワニは長江文明から玉を求めてやってきた人々であったと言えるだろう。

日本の神話は長江から来た

このように見ていくと、日本神話には長江が深くかかわっていることが明白である。ところが、ほとんどの古代史家はそれを無視してきた。ひどい場合は、ワニを龍と言っている。しかし、龍は北方のシンボルで、朝鮮半島経由で日本にもたらされたもので、龍は畑作牧畜民のシンボルであって、稲作漁撈民のシンボルではない[20]。

稲作漁撈民のシンボルは、何度もくりかえすように太陽・鳥・柱そして蛇である。蛇と龍は違う。私もかつては、「龍は、蛇が進化したものだ」と考えていた。しかし、両者はまったく違う。龍は龍馬や猪龍というように、馬を飼う畑作牧畜民と深い関係がある。ところが、蛇は稲作漁撈民と深い関係がある。稲作漁撈民は、この世に実在しないものを空想で作りあげることをきらった。ところが畑作牧畜民は、この世に存在しないものを空想で作りあげることこそが、有能な人間の証だと考えた。龍はまさにこの世に存在しない人間の空想の産物なのである。この世に実在するものの姿を崇拝するのか、それともこの世に存在しないものを勝手に作りあげるのかには、大きな違いがある。詳しくは拙著(9)を参照いただきたいが、揚子江ワニを龍と読み替えてしまったら、日本の神話の意味は何もわからなくなってしまう。

このヤマサチヒコとトヨタマヒメの孫が神武天皇である（図16）。神武天皇は、宮崎からはじまって、神武東征を行なう。そして、難波の河内にやってきた。ところが、河内にはたくさんの豪族がいて、奈良の都へ入ることができない。そこで、どこへ向かったかというと、今の熊野に向かった。ところが、熊野から都を目指すのだが、山深くて道がわからない。困っていると、そこへ鳥（トビかヤタガラス）がやってきて、神武天皇を助ける（図16）。つまり、鳥が助ける。これは、神武天皇がまさに鳥を崇拝した稲作漁撈民の長江文明の子孫であることを物語っている。その神武東征の物語について、最新の環境考古学が新たな発見を提示している。

図16　ヤマサチヒコとトヨタマヒメの孫の神武天皇

神武天皇が道に迷った時、鳥が道案内をする。
（月岡芳年 画／東京都立中央図書館特別文庫室所蔵）

五　神武東征は真実だった

古代ヤマト王朝の誕生

奈良県の南東部の桜井市。大和川の支流初瀬川が笠置山地の峡谷をぬけて、奈良盆地に入りこむところだ。ここに三輪山がある。三輪山から北につづく山麓には、箸墓古墳、渋谷向山古墳、行燈山古墳などの前方後円墳がある。ここが古代ヤマト朝廷の発祥地である。

だが、このヤマト王朝の出現は唐突である。三輪山の山麓に広がる扇状地の上に、三世紀後半に入ると、突如として巨大な集落が出現してくる。纒向遺跡である。

河内平野の瓜生堂遺跡や奈良盆地の唐古遺跡など、畿内の弥生時代前期・中期の遺跡は、大半が低湿地に立地した。台地や扇状地上に立地する巨大な集落はまれだった。ところが、弥生時代後期に入ると、突如として台地や扇状地の開拓がはじまるのである。

台地や扇状地の土壌は、沖積平野の低湿地に比べて硬い。これまで低湿地で使用していた木器では歯がたたない。さらに当時の台地や扇状地はうっそうとしたカシやシイの森に覆われていた。農地や集落を造成するには、こうした森を伐採する必要もあった。

扇状地や台地の上では、水を確保することが困難である。水を堰き止め、貯水池や人口水路を完備しなければならない。

台地や扇状地の開拓には、新たな技術が必要だ。三世紀に入って突如として台地や扇状地上に巨大な集落が出現し、それが古代ヤマト王朝の誕生をもたらす背景には、新たな技術革新の伝播、とりわけ鉄器の大量使用と、それらを持った文化の中心地の移動があったのではないか。

古代北九州では森が破壊された

北九州の弥生時代の遺跡の多くは、台地上に立地している。吉野ヶ里遺跡も段丘上に立地している。佐賀県鳥栖市安永田遺跡の花粉分析結果[21]を見ると、草本花粉や胞子の出現率が高く、樹木の花粉は全体の一〇パーセントぐらいしかない。このことは、安永田遺跡周辺の台地の森はすでにほとんど破壊しつくされていたことを示している。吉野ヶ里遺跡においても、台地全面が集落や墓地として利用されており、台地上の森が激しく破壊されたことを物語っている。

しかも、吉野ヶ里遺跡からは二〇〇〇基をこえるカメ棺墓が発見されている。おそらく吉野ヶ里遺跡では一万点をこえるカメ棺墓が作成されたものと推定される。この大量のカメ棺を作成するには、大量の燃料としての木材が必要である。

台地全面を集落と墓地として開拓し、大量のカメ棺を作る北九州の弥生時代の人々は、当然のことながら大規模な森の破壊者だった。その森の破壊を可能にしたのは大量の鉄器であったと見なされる。北九州の弥生時代の遺跡からは大量の鉄器が発見されている[21]。吉野ヶ里遺跡からは、これまで一五〇点以上の鉄器が発見されている。台地上の森を破壊し、その開拓を可能にしたのは、この大量の鉄器だった。

畿内は「森の国」だった

ところがほぼ同じ頃、畿内の弥生時代前期・中期の遺跡周辺の風景は、北九州とは大きく相違していた。大阪府河内平野の低湿地に埋没する東大阪市若江北遺跡の花粉分析結果を見ると[21]、弥生時代前期から中期にかけて、樹木花粉が全体の八〇パーセント近くもの高い出現率を示している。樹木花粉の大半はイチイガシの花粉である。河内平野の弥生時代の遺跡は、深いイチイガシの森に囲まれた低湿地に立地していたのである。

台地全面が開拓され激しい森林破壊が引き起こされていた北九州とは異なり、河内平野の弥生時代前期・中期の遺跡は、まだ深い森に囲まれていた。その情況は奈良盆地でも同じであった。弥生時代前期・中期には、唐古遺跡などの立地する盆地中央部の低湿地を取り囲む盆地周辺の扇状地や台地は、うっそうとした森に覆われていた。

北九州に比べて畿内はこの時代、圧倒的に森の多い環境にあった。鉄器の出土数を見てもこの時代の畿内の鉄器の数は、北九州に比べてはるかに少なく、森林破壊の程度が微弱であったことがうなずける。また大量の燃料を必要とする北九州のカメ棺墓と異なり、畿内の墓地は方形周溝墓であった。土盛りをしただけの方形周溝墓は、河内平野だけでも、何千という数に達すると推定されるが、その墓制はカメ棺に比べて森林破壊の程度は小さくてすむ。[21]

こうした北九州と畿内の弥生時代前期・中期の森林破壊の程度の相違は、文化や生活様式の相違とともに、人口や遺跡数の相違を反映していることは確実である。

東遷する森林破壊地域

弥生時代後期に入ると、北九州の吉野ヶ里遺跡などでは、カメ棺がしだいに作られなくなる。かわって土壙墓や石棺墓が主流を占めるようになる。七田忠昭氏[22]によれば、カメ棺が吉野ヶ里で大量に作られた時代は、紀元前二世紀後半から紀元後二世紀後半にかけてであると言う。

なぜ吉野ヶ里遺跡ではあれほど盛行したカメ棺が、二世紀後半に入ると作られなくなったのであろうか。考古学者はそこに新たな墓制の伝播や社会体制の変化を読み取る。

私はそこには森林資源の枯渇があったのではないかと見なすのである。大量の燃料を必要とするカメ棺は森を破壊した。弥生時代後期に入ってからの人口の増大にともなう森林の減少は、しだいにそのカメ棺の墓制を維持することを困難にしたのではないだろうか。同時に、北九州の主たる水田は台地をきざむ小支谷の谷底平野であった。人口の増大にともなって水田としての可耕地には限界があった。筑後平野は自然堤防の発達が悪く、洪水の常習地であった。弥生時代の開発技術ではこの筑後平野を大規模に開発することは困難であった。また台地上の森林破壊は土壌浸蝕を引き起こし、台地上の畑の土壌を劣化させた。

吉野ヶ里遺跡などでカメ棺がしだいに作られなくなっていく頃、畿内では台地や扇状地の開拓が急速に進展し、森林破壊が顕著になる。大阪府若江北遺跡の花粉ダイアグラムでも、弥生時代後期になると、樹木花粉の出現率が三〇パーセント前後にまで縮小する。明らかに森が減少していったことを物語る。(21) 生駒山麓の扇状地に立地する東大阪市鬼虎川遺跡では、弥生時代後期以降、周辺のカシ類・シイ類の森林が急速に破壊されていくことが花粉分析の結果、明白である。

類似した結果は、奈良盆地の花粉分析の結果からも明らかになっていた。弥生時代後期以降、三輪山山麓の扇状地一帯の森が急速に破壊されていく。これはちょうど纒向遺跡をはじめとする巨大な集落が扇状地上に出現してくる時代に対応している。

畿内と北九州を森林破壊を軸に比較してみると、二世紀後半〜三世紀を境として、森林破壊地域があたかも東遷したかのような印象を受ける。

北九州の人々は台地と扇状地を開拓し、そこは森林破壊の先進地域であった。その先進地域の森林破壊の文化が東遷し、二世紀後半〜三世紀にかけて、畿内地方に出現したのではあるまいか。

文化の中心地は森を求めて移動する

第Ⅳ章で述べるように、二世紀後半に顕著となる気候悪化が、東アジア世界に大きな影響をもたらしたことは、ほぼ間違いない事実である。この二世紀後半の気候悪化期と倭国の大乱を境として、畿内では台地や扇状地に新たな集落が出現してくるのである。そこにはいったい何があったのであろうか。

二世紀後半の気候悪化と動乱を境として、北九州から畿内へと文明の中心地が移動したのではないかというのが私の仮説[21]である。北九州では弥生時代前期・中期の激しい開発とカメ棺作りによる森林破壊の中で、耕地は不足し、土壌は劣化し、人口は飽和状態に達していた。その時引き起こされた気候悪化の中で、北九州の弥生文化は危機に直面したのではないか。

たしかに、この危機の時代は畿内でもあった。洪水の増加により沖積低地の居住環境が悪化し、低湿地の村々は洪水層に埋もれた。しかし、畿内ではまだ未開拓の台地や扇状地が広がっていた。そこにはまだうっそうとした森林地帯が広がっていた。この二世紀後半の気候悪化の時代を契機として、人々は台地や扇状地上の未開の森林地帯の開拓にのり出したのではないか。

未開の森林地帯の存在が、それに続く巨大古墳誕生の足がかりとなる生産的背景を保障したのではないか。二世紀後半の気候悪化の時代を契機として、手つかずの台地や扇状地の森林地帯の大開墾による生産力を背景として、畿内のヤマト王朝は誕生したのではあるまいか。

六　日本神話の人類史的価値

崇神天皇は畑作牧畜民

ところが、その長江文明と深い関係にある古代日本史に、変化が起こる。それが、第十代の崇神天皇の時に起こる。神武天皇を初代の天皇とすれば、一代から九代までは長江流域の稲作漁撈民の文明の系譜を強く引いていた。ところが、第十代の崇神天皇の時になると、「崇神天皇は、牧を整えた。その結果、国は大いに潤った」と書かれている。牧、つまり牧場を作ったのである。

ここに、ヒツジやヤギ、ウシを飼う人々が、朝鮮半島を経由して日本へやってきた、ということが語られている。そして、この人々がそれまでの支配者に取って代わったことを示している。

ニニギノミコトが高天原から持ってきたアメノムラクモノツルギ（アマツミシルシノカンダカラ）という剣が、崇神天皇に召し上げられ、一時的に剣の行方はわからなくなったと『日本書紀』には書かれていた。おそらく北方から畑作牧畜民が進入してきたことによって、王朝の交代などの混乱が引き起こされ、アメノムラクモノツルギも行方不明になったのであろう。今までの稲作漁撈民の伝統とは違う、新しい畑作牧畜民の文明が、日本の歴史のなかに登場したことが示されている。

神話には、「崇神天皇は牧を整えて、国は大いに繁栄した」と書かれているが、その後、じつは疫病が大流行する。なぜ、疫病が流行したのか。天皇は、大田田根子にその理由を占わせる。すると、「それはオオモノヌシの祟りである」という結果がでた。

オオモノヌシとは、三輪山の神である。つまり、崇神天皇がもともといたオオモノヌシを粗略に扱ったために、疫病が流行したというわけである。オオモノヌシは、三輪山の神。その真の姿は蛇であった。この蛇の神さまを疎略に扱ったから、疫病が流行したと『日本書紀』は語るのである。

では、この疫病とは何か。これは、おそらく結核であると思われる。結核はウシから感染する。家畜を飼う畑作牧畜民が北方からやってきて、新しい支配者になった。彼らは、結核に関する免疫力を持っていた。ところが、もともと日本列島にいた日本人は、牛を飼っていないので免疫がない。だから、結核は爆発的に日本の社会に流行した。

重い結核になると脊椎カリエスになる。この脊椎カリエスは、骨に病気の痕跡が残る。そこで、鈴木隆雄氏(23)

が、縄文、弥生時代から古墳時代の人骨を調べてみると、縄文時代には脊椎カリエスの骨は〇パーセントで、弥生時代には少しだったのが、古墳時代になると爆発的に増えることが明らかとなった。

このことから、畑作牧畜民、つまり北方から家畜を連れてやってきた結核に免疫力のある人々が、古墳時代以降、日本列島に大挙してやってきた可能性が高い。第十代の崇神天皇は、そういう畑作牧畜民のリーダーだったと言うことができる。

つまり、私はここに「日本王権二重構造説」を提唱した[9]。もともと長江流域から米を持ってきた稲作漁撈民は、ヒツジやヤギなどの家畜を飼ってはいなかった。その、長江流域からやってきた稲作漁撈民がつくった王朝、これを南朝と呼ぶことにする。これに対して、古墳時代以降、北方から結核に対して免疫力を持つような、畑作牧畜民の人々がやってきて、北朝を作り日本の支配者になった。古代日本の王権は稲作漁撈文明の南朝の上に畑作牧畜民の北朝がのる、「日本王権二重構造説」を考えるのが、妥当ではないかと指摘した。

騎馬民族征服王朝説は妥当か

第十代崇神天皇は、家畜を飼っていた。だから、畑作牧畜民であることはたしかである。佐原真氏と江上波夫氏の論争[24]の中で、佐原氏は騎馬民族が来なかった理由として、「たとえば日本には馬具など馬に関するものは来ていますが、去勢の習慣や宦官は来ていません。ですから、ここを指して騎馬民族は来なかった」と指摘している。しかし、去勢や宦官については、「たとえ騎馬民族が来たとしても、受け入れ先である現地の人間がこの風習を受け取らなかった」ということが考えられる。そして畑作牧畜民のヒツジやヤギなどの肉食の家畜を飼うライフスタイルが、日本には広まらなかったということがもう一つ重要である。崇神天皇のように牧場をつくるリーダーも出現したが、日本列島にはこの畑作牧畜民のライフスタイルは定着しなかった。その背景にはそれ以前の縄文文化の伝統と、長江から伝播した稲作漁撈文明の伝統があったからではないか。

日本文明の特色は、海外から多くの文化を受け入れるが、新しい文明、文化を受け入れる時、過去に導入したものをすべて更地のような状態にしない。そして、新たな文化を受け入れる時には、きわめて能動的に取捨選択して受け入れている。

長江から稲作漁撈民がやってきた。するとそれまでの縄文の伝統は、稲作を受け入れて、上手に自分たちの在来の文明のなかに取り込んでいった。縄文の人々も太陽と柱と蛇それに山と玉を崇拝していた。よく似た世界観を持つ長江流域の稲作漁撈民の文化は、抵抗なく受け入れられていった。しかし必要のないヒツジやヤギなどの家畜は受け取ることを拒否した。同じように騎馬民族がやってきた時にも、去勢や宦官の文化は受け入れなかった。同じことは、近くは明治維新において、西洋の技術は導入しても、キリスト教は受け入れなかったことにもよく反映している。ここが、日本文化の強さである。日本文明が二一世紀の国際社会において生き残ることができる強さにしなければならない。

日本神話は稲作漁撈民の神話の代表

日本神話の最高神は太陽神アマテラスオオミカミである。稲作漁撈民は太陽を崇拝した。さらに現在の中国のハニ族やミャオ族などの稲作漁撈民の少数民族は女性が大きな力を持っていた。アマテラスオオミカミが女性であることは、日本の神話がこうした中国の稲作漁撈民の少数民族の神話と深くかかわっていることを示している。そして、日本の稲作漁撈社会が女性中心の社会であったことを示している。

畑作牧畜民が作ったギリシャ神話も、日本神話と同じく多神教の神話である。パルテノン神殿も女神アテネが大きな力を持ち、蛇神殿であった(25)。しかし、ガイアにはじまる大地母神の力は弱まり、その最高神は嵐と天候の神ゼウスに取って代わられる。ゼウスは男神である。大地母神の女神の時代から天候神の男神への時代の変化をはっきりと読みることができる。

そうした神話の構造に変化があらわれたのは、畑作牧畜のライフスタイルが男中心の社会を構築せざるをえなかったためである。家畜を飼うためには男の力が必要であり、「力と闘争の文明」[26]の中で生き残るためには、男の力にたよらざるをえなかった。

いくら多神教の世界に暮らしていても、ヒツジやヤギを飼う畑作牧畜民のライフスタイルでは、森を守ることができなかった。森が文明の発展の中で破壊されていくとともに、森の神々、大地母神の力は弱体化し、神話の構造も変化せざるをえなかったのであろう[27]。

これに対し、日本の神話は女性が最高神でありつづけることができた。それは稲作漁撈民が女性中心の社会を構築してきたためである。そのルーツが長江文明にあることは、もはや疑いをいれない。そうした女性中心の稲作漁撈文明の伝統は、長江文明の担い手の子孫である、貴州省や雲南省のミャオ族やハニ族などの少数民族の社会に今も濃厚に残っている。

しかし、中国の稲作漁撈民の少数民族は文字をもたなかった。このために、民族の神話を記録文学として残せなかった。「その中で、稲作漁撈民の神話として唯一残されたのが、日本神話なのである。そこにこそ日本神話の人類史的価値があるのである」。

しかし、戦後日本の歴史学者や民俗学者は、こうした日本神話の人類文明史における価値を認めるどころか、逆にまったくの虚構であるとして排斥さえしてきたのである。

二一世紀の地球が畑作牧畜民の「力と闘争の文明」によって危機に直面し、それに代わる新しい持続型文明社会を構築するための文明の原理が待望されている。その時に畑作牧畜民の「力と闘争の文明」に代わる新たな文明の原理を創造できるのは、この稲作漁撈民の構築した「美と慈悲の文明[26]」しかないのである。この「美と慈悲の文明」の原理がまさに日本神話に書かれているのである。

畑作牧畜民の神話の代表が「ギリシャ神話」であるとするならば、稲作漁撈民の神話の代表は「日本神話」だった。それは、森を破壊し、男中心の戦闘的・拡大的な「力と闘争の文明」を作り上げた畑作牧畜民の神話とはまったく異質の、森や自然と共存し、女性中心の平和で持続的な「美と慈悲の文明」の神話なのである。

子ども達に稲作漁撈民の「美と慈悲の文明」の心を伝えたいのなら、まず日本神話の心を子ども達に伝えなければならないのである。

日本神話を子ども達に語り伝える

私は日本の未来を担う子ども達に、稲作漁撈民の「美と慈悲の文明」の心を伝えたい。日本神話の心を伝えたいのである。

日本神話こそ、稲作漁撈民の子孫としての日本人の心の原点を形成するものである。我々日本人とは何者なのか、そして我々はどこから来て、どこへ行こうとしているのかが、日本神話には語られているのである。

神話を持っていることは日本人の誇りでもある。民族の原点・民族の心がはっきりしているということである。世界の民族の中で、文字として記録された神話を持っている民族はけっして多くない。人類文明史のなかで、日本神話はギリシャ神話以上の価値さえ有しているのである。それを子ども達に伝え、日本人として、この地球環境問題にあえぐ国際社会を、力強く生き抜く心を育成することが必要なのである。

東の空から昇る太陽は稲作漁撈民のシンボルである。あらゆる地球の生命あるものは、まさに太陽の力によって守られている。その太陽こそが、稲作漁撈民のシンボルなのである。それを、日本は国旗にしているのである。

日本人の心の原点、生命の源が、太陽なのである。これほどすばらしい国旗はないと私は思う。なぜ、その国旗のすばらしさを、小学校や中学校で子ども達に教えてはいけないのか。なぜ国旗を掲揚してはいけないのか。

子どもは未来に生きるのである。未来を生きる子どもを育てる学校は、たえず時代の最先端を走り、先生は時代の最先端の精神を敏感に感じ取り、未来を見つめて生きなければならない。過去のしがらみに拘泥するあまり、反省をくりかえすあまり、豊かな可能性のある子ども達の未来を閉ざしてはいないだろうか。

二一世紀の国際社会は、地球環境問題や民族紛争で危機に直面するであろう。その危機の時代を、誇りと勇気と希望を持って生き抜くためにも、日本神話を子ども達に語り伝えていただきたいと思うのである。

日本神話が語る日中友好の道

戦後日本の小中高の学校教育では、日本の神話は侵略戦争を鼓舞した大罪をきせられて、学校教育でとりあげられることはたえてなかった。しかし、その日本神話の中にこそ、日中友好の心が隠されているのである。

日本列島に稲作漁撈民の神話を持ってきた人々は、長江下流域からやってきた中国人だった。彼らは稲作漁撈の高い文化を持って日本にやってきた。そしてその神話が日本の神話になったのである。

日本民族の心の原点である神話を創造した人々は、中国の長江流域からやってきた稲作漁撈民だった。そして、今でもなお雲南省や貴州省には、日本人とまったくよく似た神話を持つ人々が暮らしていた。ミャオ族やハニ族などの少数民族こそ、かつて長江流域でともに暮らしていた稲作漁撈民だったのである。

こうした共通の祖先と共通の神話そして共通の心を持つ民族同士が仲良くできないはずはないのである。

註・参考文献

（1）斎王は天皇の未婚の皇女がなり、伊勢神宮のアマテラスオオミカミをお祀りするために年に三度伊勢神宮を訪れた。もっとも重要な祭祀はアマテラスオオミカミにその年の新嘗を奉納する祭祀だったと私は思う。そして天皇が代われば新しい斎王が誕生する。古い斎王は都に戻らなければならない。これが室町時代まで続いた斎王のシステムであった。

しかし、ヤマトヒメノミコトは第十一代垂仁天皇の皇女であったから、叔母が甥のヤマトタケルノミコトに宝剣を手渡したことになる。それは後の時代の天皇が代われば斎王も代わるという斎王のシステムに照らし合わせると矛盾する。第十二代景行天皇の御世にもヤマトヒメノミコトは斎王として斎宮にとどまっていたことになるからである。記紀の作者が天皇の名前を間違うことはありえないから、新しい斎王を選べないなんらかの事情があったのか、それとも天皇が代われば古い斎王は都に帰るという斎王のシステムは後の時代に確立されたものなのか、それともこれまでの歴史学者が指摘するように、この物語は後世に造られた虚構の産物で、ヤマトタケルノミコトの東国遠征は大和朝廷の東国支配を代弁したものなのか、現時点では明白にはできない。

（2）大林太良ほか監修『日本神話事典』大和書房、一九九七年
（3）百田弥栄子「草薙剣の系譜」『中日文化研究所所報』六、二〇〇七年
（4）梅原　猛・安田喜憲『長江文明の探究』新思索社、二〇〇四年
（5）安田喜憲編著『山岳信仰と日本人』NTT出版、二〇〇六年
（6）吉野裕子『吉野裕子全集　第4巻　蛇』人文書院、二〇〇七年
（7）J・フレイザー（吉川　信訳）『初版金枝篇』ちくま学芸文庫、二〇〇三年
（8）坂本太郎ほか『日本古典文学大系　日本書紀　上・下』岩波書店、一九九三年
（9）安田喜憲『龍の文明・太陽の文明』PHP、二〇〇一年
（10）安田喜憲『稲作漁撈文明』雄山閣、二〇〇九年
（11）佐藤洋一郎『稲の日本史』角川選書、二〇〇二年

(12) 篠田謙一『日本人になった先祖たち』NHKブックス、二〇〇七年
(13) 井沢元彦『日本人の心をとらえる3の霊力に迫る』旅行読売出版社、二〇〇三年
(14) 李国棟「日本人の山岳信仰と長江流域」安田喜憲編著『山岳信仰と日本人』NTT出版、二〇〇六年
(15) 大林太良『稲作の神話』弘文堂、一九七三年
(16) 欠端　実『聖樹と稲魂』近代文芸社、一九九六年
欠端　実『説話が運ばれた道―雲南から日本へ―』『比較文明』二一、二〇〇七年
(17) 千田　稔『伊勢神宮』中公新書、二〇〇五年
(18) 越野真理子「山と海と玉―ワニの神話学」吉田敦彦監修『比較神話学の鳥瞰図』大和書房、二〇〇五年
(19) 安田喜憲『長江文明の謎―古代日本のルーツ』青春出版、二〇〇〇年
(20) 安田喜憲『龍の文明史』八坂書房、二〇〇六年
(21) 安田喜憲『日本文化の風土』朝倉書店、一九九二年
(22) 七田忠昭「吉野里遺址的祭祀与長江文明」安田喜憲主編『神話祭祀与長江文明』文物出版社、二〇〇二年
(23) 鈴木隆雄「我が国の結核症の起源と初期流行についての古病理学的研究」埴原和郎編『日本人と日本文化の形成』朝倉書店、一九九三年
(24) 江上波夫・佐原　真『騎馬民族は来た!? 来ない!?』小学館、一九九〇年
佐原　真『騎馬民族は来なかった』NHKブックス、一九九三年
(25) 安田喜憲『蛇と十字架』人文書院、一九九四年
(26) 川勝平太・安田喜憲『敵を作る文明・和をなす文明』PHP、二〇〇三年
(27) 安田喜憲『一神教の闇―アニミズムの復権』ちくま新書、二〇〇六年

第Ⅳ章　東アジアの肥沃な大三角形地帯

一　東アジアの気候変動と民族移動

四二〇〇年前の気候変動と長江文明の衰亡

長江中・下流域が稲作漁撈文明の発祥地であることは、ほぼ間違いないであろう。そして、この長江中・下流域を中心とする半月形のエリアを、私は[1]東亜稲作半月孤と名づけた。

この東亜半月孤の中心地では、稲作が一万年以上前に誕生し、九〇〇〇年前には面積六万平方メートルに達する彭頭山《ほうとうざん》遺跡のような開地式の農耕集落が出現していた。そして、六三〇〇年前には城壁をめぐらした都市型の城頭山《じょうとうざん》遺跡が誕生し[2]、五三〇〇年前には鶏叫城《けいきゅうじょう》遺跡のように明白に王宮と見なされるものをそなえた都市が出現している。

稲作漁撈民の作った開地式の集落は、集落のまわりを環濠で取り囲むのが、当初の段階から一般的であった。五三〇〇年前の鶏叫城遺跡は三重の環濠に囲まれていた。

そして、四五〇〇年前に入ると、突然、面積が百万平方メートル以上に達する巨大な都市型の遺跡が出現してくる。その代表が湖北省石家河《せきかが》遺跡や浙江省良渚《りょうしょ》遺跡である。石家河遺跡や良渚遺跡は、メソポタミアのウルクやウルに匹敵する規模の巨大な都市遺跡であった。その一つ、四川省龍馬古城宝墩《りゅうまこじょうほうとん》遺跡を私達は日中共同で発掘調査した。[2][3] 遺跡は長軸が一一〇〇メートル、短軸が六〇〇メートル以上もある長方形の城壁に囲まれていた。城壁の高さは七メートル以上、幅は三〇メートル以上もある巨大なものであった。

第一次稲作漁撈文明センター

こうした東亜稲作半月孤を、「第一次稲作漁撈文明センター」と呼ぶことにする。

四二〇〇年前の気候悪化によって、北方から畑作牧畜民が侵入し、長江文明は衰亡した。気候悪化の時代は四二〇〇～四〇〇〇年前の間継続した。この約二〇〇年の間に長江文明は衰亡した。(3)長江流域に侵入した人々は、おそらくミトコンドリアDNA・M8aという特異な遺伝子を持った現在の漢民族の祖先になる人々と見なされる。(4)そして彼らは抜歯の風習を持たない人々であった。この四二〇〇～四〇〇〇年前の気候悪化を契機として、北西方向より侵入した畑作牧畜民によって、長江流域の「第一次稲作漁撈文明センター」に暮らしていた人々は、南西方の山岳地帯の雲南省や貴州省あるいは南東の福建省などに追われた。

さらに海岸部の人々は、ボート・ピープルとなって台湾さらには日本列島へと逃れた。この海上に逃れ、ボート・ピープルとなった稲作漁撈民が、日本列島にもたらしたのが佐藤洋一郎氏(5)のいう熱帯ジャポニカであった可能性が高い。

二　三五〇〇年前の気候変動と水田稲作の伝播

もう一回大きな冷涼期と民族移動期があった

四二〇〇～四〇〇〇年前の気候悪化のあと、もう一度、稲作の伝播に決定的な意味を持った気候悪化がある。それは約一〇〇〇年後の三五〇〇～三二〇〇年前の気候悪化である。四二〇〇～四〇〇〇年前の著しい冷涼期のあと、気候は温和化する。ところが三五〇〇年前から気候は再び悪化し、三二〇〇年前には著しい冷涼期をむかえた。

日本列島の縄文時代晩期が冷涼期に相当することは、阪口豊氏(6)や私(7)の指摘以来、多くの花粉分析の研究者によって指摘されてきた。阪口豊氏(8)による長野県唐花見《からけみ》湿原の花粉ダイアグラムでは、約三三〇〇年前の層準を境として、モミ属、トウヒ属、五葉マツ亜属、ツガ属が急増し、冷涼化がはじまったことを明示している。さらに阪口氏[9]は尾瀬ヶ原の花粉分析の結果からも、この時代の気候の冷涼化の傾向をより詳細に復元している。ハイマツの花粉の変動を指標とした気温変化曲線によれば、気候は三四〇〇年前頃より冷涼化の傾向を示し、三〇〇〇年前頃には著しい冷涼期をむかえている。

こうした気候の冷涼化は、花粉分析の結果のみでなく、埋積の浅谷や海岸地形の変化など、さらには同位体地球科学の分析結果からも指摘されている。

川崎市川中島中学校の校庭から採取した、かつての東京湾に堆積した内湾性堆積物の全長四三・七五メートルの堆積物のうち、深度四〇・六メートルから九・二八メートルの間は、一八層準の^{14}C年代測定法値が報告され、かなり精度の高い時間軸が設定されている。その分析結果[10]によれば、三五〇〇年前に大きな変化がある。堆積物中の有機物の供給源は海水中のプランクトンと陸上から運ばれた生物遺骸である。この二大供給源の炭素同位対比とC／N比はそれぞれ異なった値を持つことが明らかとなっている。海洋プランクトンの$\delta^{13}C$比はマイナス一九〜マイナス二三パーミル、C／N比は三〇より大である。この川崎市川中島中学校の堆積物の分析結果[10]では、三五〇〇年前に、急激にC／N比が増加し、$\delta^{13}C$比が減少する。このことはこの時代に陸上の供給源の有機物が増大し、海の影響が後退したことを示している。すでに述べたように花粉分析の結果などからこの時代に気候が冷涼化したことが指摘されていることから、このC／N比の増大と$\delta^{13}C$比の減少は、急速な海退によって引き起されたと見なされる。それはこの時代に埋積浅谷が形成され、海水準が低下した事実が全国的に指摘されていることとも矛盾しない。

さらに森勇一氏[11]による、愛知県庄内川の沖積平野に立地する町田《ちょうだ》遺跡の珪藻分析の結果は、松河戸火山灰が降灰した^{14}C年代三四〇〇年前の時代を境として、大きな変化が存在する。三四〇〇年より以前の堆積物は *Aulacoseira granulata* が優占し、周辺には内湾の水域の環境が広がっていったことを示している。ところが三四〇〇年前を境として、淡水の底生や着生種の *Pinnuralia* 属や *Eunotia* 属が急増する。こうした *Pinnuralia* 属や *Eunotia* 属は淡水中にも生息する珪藻であり、三四〇〇年前の気候の冷涼化とともに、庄内川河口周辺の海水域が縮小し、そこに拡大した三角州の低湿地に、水田稲作が拡大していったことを示している。

三　死海の年縞に記録された気候変動

死海の年縞が明らかにした三五〇〇年前の気候変動

こうした三五〇〇年前にはじまる激しい環境の変化は、近年、M・スタイン博士ら(12)によるイスラエルの死海（図17右・左）の年縞分析の結果に、きわめて明白に記録されていた。死海は海面下にある塩湖であるが、近年、この死海の水位が急激に低下している。水位は過去一〇年の間に一〇メートルも低下し、現在の死海の水面は海面下マイナス四二〇メートル前後にある。一〇年前に作った桟橋は、いまや天空高くそびえて使いものにならなくなっている（図17左）。水位が急激に低下した原因は、死海の水をくみ上げてミネラル分を抽出するために利用しているからである。塩分の濃い死海の水（図17右）からは、マグネシウムなど工業製品になくてはならないミネラル分が生産されている。死海の水位が現在でも一年に約一メートル低下していることを見れば、大きな気候変動があれば数十メートルの水位変動は、過去に何回あってもおかしくはない。

この急激な死海の水位の低下によって湖岸が侵食され、いままで見られなかった高さ約一〇メートル以上の露頭が出現した（図18）。その露頭から美しい年縞が発見された。現在の死海の湖底には、春から夏の乾季に石灰（アラゴナイト）が堆積してできた白色の層と、秋から冬にかけての雨季に堆積した有機物の茶褐色の破砕層がセットになって、年輪と同じ年縞が一年に一本ずつ形成されている。この年縞を一本ずつ数えることによって、確実な年代を特定できるのである。

図17　イスラエルの死海

水位は毎年低下し、手前の桟橋は天空高くそびえ使い物にならなくなっている（左）。死海の対岸にはヨルダンの海岸が見える（右）

死海のエリム谷には、過去四〇〇〇年間の美しい年縞の露頭が出現していた。その露頭の最下部は、四二〇〇年前の気候悪化期に形成された砂層からなっている。四二〇〇〜四〇〇〇年前に死海の湖面が急激に低下して海岸のビーチが出現した。その砂層はリップルマークのあるきれいな砂であった。このビーチの堆積物である砂層には石灰分は含まれていなかった。

この四二〇〇〜四〇〇〇年前の急激な水位低下のあと、再び水位が上昇して年縞のある厚さ約六〇センチメートルのシルト・粘土層が堆積している。そのシルト・粘土層にもきれいな年縞が見られるが、その年縞は秋から冬の雨季に形成された有機物の多い破砕層と、春から夏の乾季に形成された有機物の少ない破砕層からなっており、石灰を含む年縞は見られない。すくなくともこの時代まで、死海の湖底堆積物には夏の乾季にも石灰分はほとんど沈着せず、現在の水文環境とはずいぶん異なった環境にあったことがわかる。

この年縞のあるシルト—粘土層の上部に、厚さ約一・五メートルの三五〇〇〜三二〇〇年前の砂層が突然出現する（図18）。砂層の突然の出現は、年縞の堆積する安定した水深のある湖底の環境から、周辺が湖岸の環境に変わったことを示す。水位の急激な低下を物語る。さらに砂層には石灰の結晶したアラゴナイトを多く含み、これまでとは異質の水文環境が出

図 18　死海のエリム谷の年縞にパックされた 3500～3200 年前の砂層

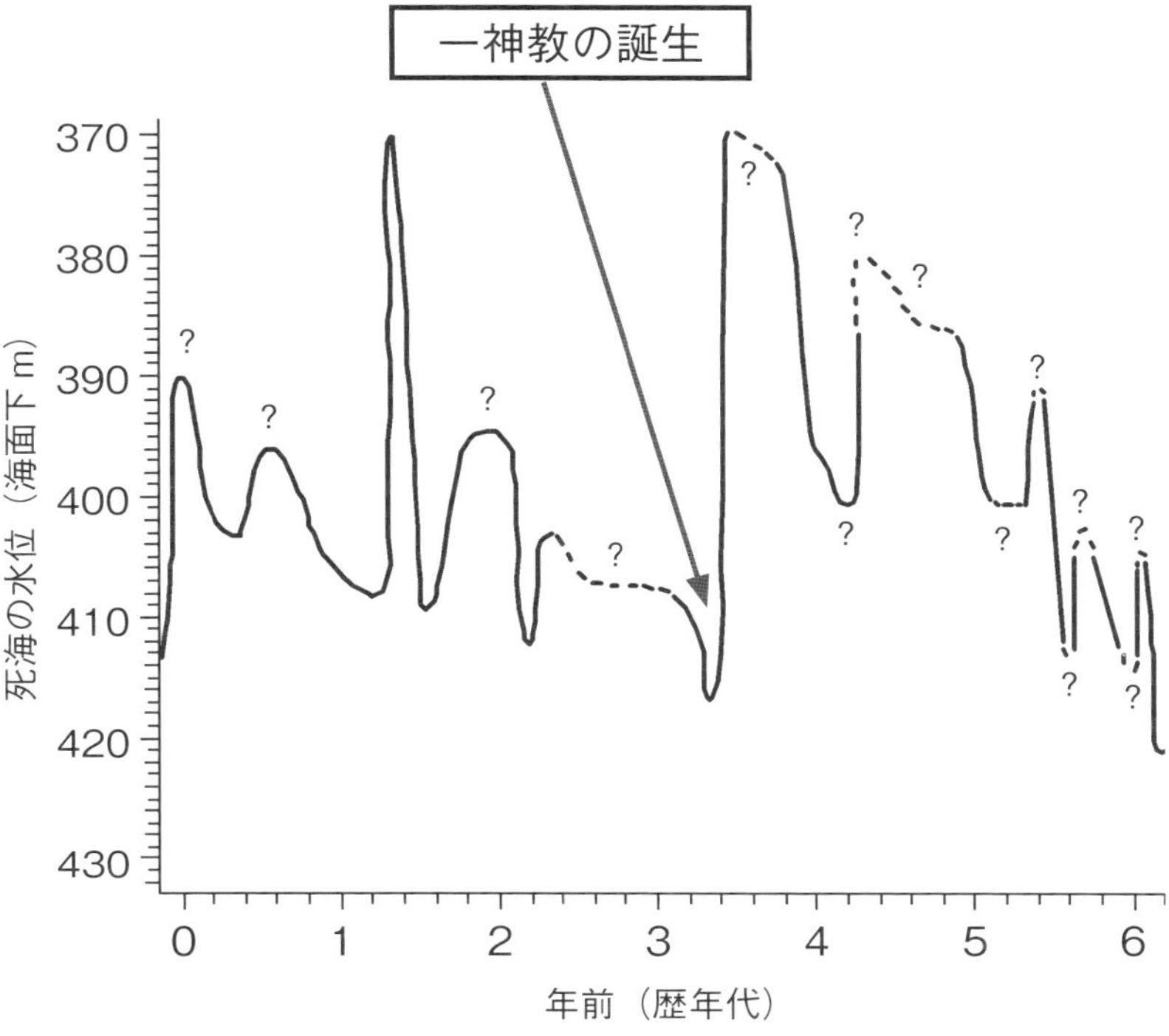

図 19　年縞の分析から明らかになった死海の過去 6000 年間の水位変動
（Migowski, *et al.*, 2006）

現したことを物語っている。死海の完新世後半の堆積物にアラゴナイト層の堆積がはじまるのはこの時代以降のことである。アラゴナイトが堆積するには著しい乾燥気候が必要である。三五〇〇年前に急激に死海の水位が低下し、ビーチの環境が出現し、湖岸には石灰が沈着したアラゴナイト層が堆積した事実は、この時代に著しい水位の低下と激しい気候の乾燥化があったことを物語っている。

この三五〇〇年前の急激な死海の水位の低下量は、四五メートル以上にも達する劇的なものであった（図19）。すでに日本列島の分析結果から、この時代に急激な気候の冷涼化と海面の低下が指摘されていた。この死海周辺では気候は冷涼化と同時に著しく乾燥化した。

地中海文明の興亡と気候変動

すでに私[13]が述べたように、北緯三五度以北の地中海沿岸北部では、この時代以降、大規模な土地利用の転換があった。オリーブやクルミなどの果樹を利用する大規模な土地利用の転換があった。それは北緯三五度以北の地中海沿岸では、この三五〇〇年前以降の気候の冷涼化にともなって冬雨が増大し、こうした果樹の栽培に適した土壌条件が広がったためであると私[13]は見なしている。

これに対して、北緯三五度以南に位置する死海周辺は逆に乾燥化した。すでに私[14]が指摘したように、地中海沿岸の気候は北緯三五度を境に冷涼期には北緯三五度以北は湿潤化し、温暖期には乾燥化する。これに対し北緯三五度以南の地中海沿岸の気候は冷涼期には乾燥化し、温暖期には湿潤化する。

世界の気候は三五〇〇年前頃より悪化を開始し、三二〇〇年前に著しい冷涼期に直面した。そうした不順な気候は紀元前二五〇年前頃まで継続した。

死海の年縞の分析が明らかにした三五〇〇年前にはじまり、三二〇〇年前にピークをむかえる著しい気候悪化の時代は、地中海文明の興亡に決定的な意味を持った。この時代、アナトリア高原のヒッタイト帝国が滅亡し、海の民と呼ばれる人々が嵐のように移動し、地中海世界は大混乱に陥った[15]。その地中海世界の混乱の背景には、この三五〇〇～三二〇〇年前の気候悪化が深くかかわっていた。

この死海の湖面変動は、年縞の分析から得られたものであり、これまでの放射性炭素による年代測定法で決定された時間軸に対し、はるかに信頼性の高いものである。

この三五〇〇年前にはじまり三二〇〇年前をピークとする気候悪化の時代こそ、地中海に大民族移動の嵐が引き起こされ、地中海沿岸が大混乱に陥った時代である。この死海の水位の劇的な低下に代表される三五〇〇～三二〇〇年前の気候の悪化こそが、地中海世界に海の民が荒らしまわり、ミケーネ文明やヒッタイト帝国を崩壊させる気候悪化であったのである。

四　抜歯の風習の拡散と気候変動

稲作の伝播と民族移動

東アジアにおいても三五〇〇～三二〇〇年前の気候冷涼化の時代は、民族移動の嵐が吹き荒れた時代であった。すでに述べたように日本列島においても三五〇〇～三二〇〇年前の顕著な気候悪化の証拠がいくつも存在した。三五〇〇年前にはじまり、三二〇〇年前に極限に達する気候悪化期に、東アジアでは再び北方から畑作牧畜民の侵入があり、中国は春秋戦国の大動乱の時代へと突入した。この時代も大量の難民が雲南省や貴州省に移動するとともに、メコン川やソンコイ川さらにはサルウィン川・イラワジ川を下って、東南アジアへと人々が大移動した。

日本列島にソバの栽培や水田稲作が伝播するのがこの時代であることは[7][16]、この気候悪化の影響を受けた人々が民族移動によってやってきたためであると見なすことができる。トンレサップ湖の花粉分析の結果[17]は、三〇〇〇年前以降、トンレサップ湖周辺では稲作が広く行なわれるようになり、また周辺の環境破壊が進行したことが示されている。

東南アジアに水田稲作農業が広く伝播するのは、この三五〇〇年前頃からはじまる気候悪化期以降のことであると私[18]は見なしている。

東南アジアへの稲作の伝播も、この三五〇〇～三二〇〇年前の気候悪化によって、南方への民族移動が引き起こされ、稲作が伝播したと私は考えている。もちろんこれからの調査で東南アジアでは、より古いインディカ米の栽培の証拠が発見されるかもしれないが、現段階では、三五〇〇年以上前まで稲作の起源がさかのぼるのがやっとで、より古い証拠があったとしても四二〇〇年前までさかのぼる程度であろうと見なしている[18]。

抜歯の風習を堅持した人々の移動

雲南省や貴州省さらには福建省や台湾そして日本列島に逃れた人々と同じく、東南アジアに逃れた人々も、抜歯の風習を堅持していた。カンボジアのプンスナイ遺跡の二〇〇七年度の発掘調査の資料から、松下孝幸氏[19]によって、はっきりと抜歯の風習のある人骨（図20）が確認された。

西日本の弥生時代の人骨が、中国大陸の山東半島や長江下流域の人々の人骨と形質人類学的に類似していることは、金関丈夫氏[20]

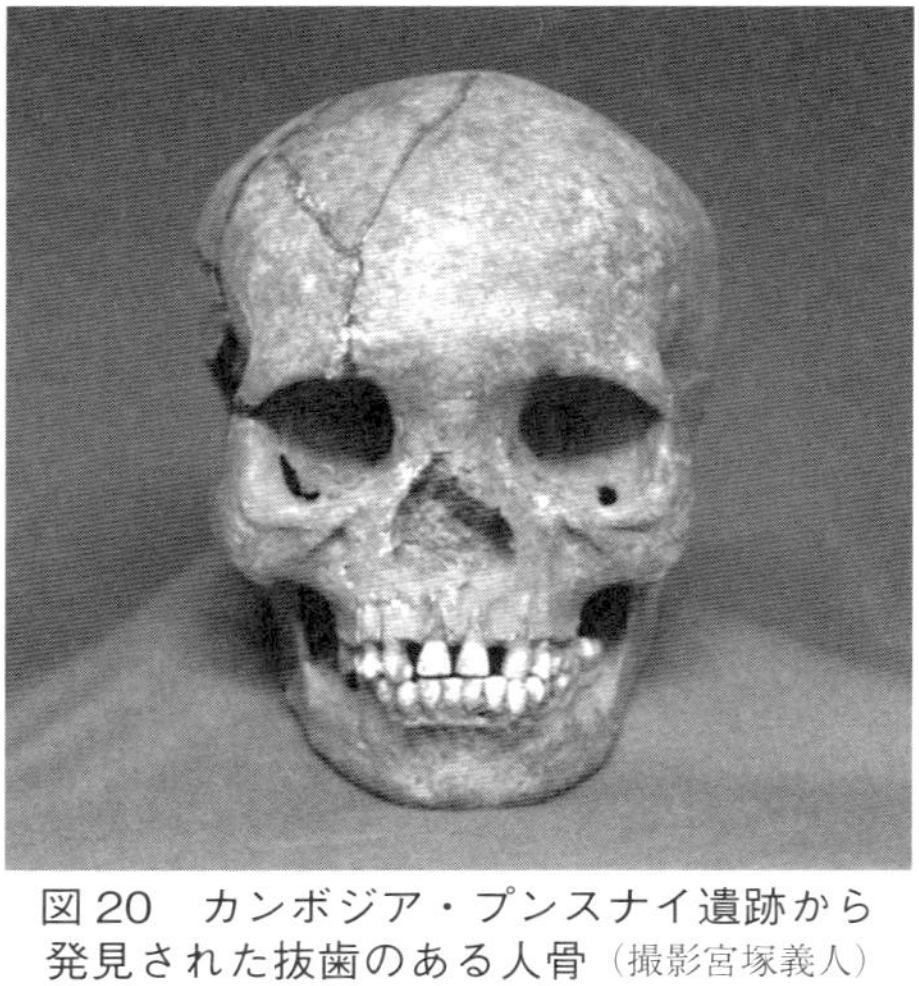

図20　カンボジア・プンスナイ遺跡から発見された抜歯のある人骨（撮影宮塚義人）

の土井ヶ浜の人骨の研究以来、近年では埴原和郎氏(21)の「二重構造モデル」の提唱によって、弥生人百万人渡来説、さらには山口敏氏(22)らの長江渡来説においても、広く認識された事実である。これに対し、縄文人に類似した形質人類学的特色を有する人骨は、東南アジアからも発見された。

東南アジアにも埴原和郎氏(21)の「二重構造モデル」が適用できることを、松村博文氏(23)は明らかにした。それを二層モデルとして、日本の二重構造モデルが東南アジアでも成り立つことを指摘した。ベトナム北部の一万年前後のホアビン文化のハンチョウ遺跡から縄文人に近い人骨が発見された。そして、三五〇〇年前のドンソン文化のマンバック遺跡からは、弥生人そっくりの、ノッペリした顔立の人骨が発見されたのである。

こうした事実から百万人の渡来があったかどうかは別にしても、弥生時代に稲作をたずさえた人々が大陸から日本列島に渡来したり、中国大陸から東南アジアへと移動したことは、もう事実として認めなければならない。

中国大陸の人骨と日本の弥生時代の人骨、さらにはドンソン文化以降の東南アジアの人骨が共通する部位は、頭蓋形態、四肢骨の形態などに特に顕著に見られる。すらりとした高長身で、大陸の冬の寒さに適応したのっぺりとした顔つきの人々が、新たに渡来系弥生人としてやってきた人々である。

しかし、松村博文氏(24)が指摘するように、歯の形態には類似性がみとめられないのである。頭骨や手足の骨とちがい、歯は一般的にゆっくりと形態を変化させる。したがって、歯にはその原因の古い遺伝的形質を保存しているということである。

松村氏(24)によれば、弥生人の歯と一番近い形態を示しているのは、タイ人とタイの華僑集団の歯であると言う。中国山東半島の人骨の歯も長江下流域の人骨の歯も、まったく弥生人とは似ていなかった。

さらに日本列島では縄文時代後期以降、抜歯がさかんとなる。そして縄文時代晩期から弥生時代にも抜歯の風習が存続した。ところが中国大陸では四〇〇〇年前まではさかんに行なわれていたが、それ以降は衰退し、日本の弥生時代の開始期にあたる春秋戦国時代にはわずかに梁玉城遺跡出土の人骨に見られるほかは、皆無となる。[25]ところが今回、我々が発掘調査したカンボジアのプンスナイ遺跡では、一〜三世紀になっても抜歯の風習を持っているのである。[19]

この歯の形態に中国大陸と日本の弥生人との間では、まったく類似性が見られず、日本人のそれはタイ人と共通性がある点は、南から北上して来た縄文人の形質が、歯の形態に残存したと見ることができるのであろう。抜歯の風習もタイやカンボジアにはあるが、中国大陸では四〇〇〇年前以降衰退し、春秋戦国時代にはほとんど見られなくなる。

ミトコンドリアDNAの分布と抜歯の風習

篠田謙一氏[26]は、現在の中国人や東南アジアの人々のミトコンドリアDNAのハプログループM8aの塩基配列を持つ集団別分布を分析し、興味深い事実を指摘している。ミトコンドリアDNAハプログループM8aを多く持つ集団は、現在の漢民族に多く、その周辺に居住する雲南省の少数民族やベトナムやカンボジアの人々、そして韓国の朝鮮族や日本人は、ハプログループM8aの頻度が低かった。

ミトコンドリアDNAは母から子へ伝えられ、民族の系統を単純化して考えるのには適している。このミトコンドリアDNAのハプログループM8aの集団別頻度分布図を見れば、明らかに現代の漢民族のルーツになる人々が北西から東アジアの民族集団に割り込んで入ってきたように見える。

すでに述べたように、四二〇〇〜四〇〇〇年前と三五〇〇〜三二〇〇年前に二回の大きな気候変動があった。四二〇〇〜四〇〇〇年前と三五〇〇〜三二〇〇年前の気候の冷涼化によって、長江文明は衰亡した。この気候悪化によってハプログループM8aのミトコンドリアDNAの塩基配列を持つ集団が、中原から長江にかけて一気に拡散したのではあるまいか。

四〇〇〇年前以前の長江流域の人々は抜歯の風習を持っていた。しかし、気候の悪化で大陸の北西方から新たにやってきた人は抜歯の風習を持っていなかった。こうして四二〇〇〜四〇〇〇年前と三五〇〇〜三二〇〇年前の完新世後半の二回の気候大変動によって、東アジアでは大民族移動があった。西方や北方からM８ａのミトコンドリアＤＮＡハプロタイプを持ち、抜歯の風習を持たない人々が侵入し、抜歯の風習を持ちＭ８ａのミトコンドリアＤＮＡハプロタイプを持たない集団を追い出したのではあるまいか。

長江流域で抜歯の風習を持ち、大きな歯を持った人々は雲南省や貴州省さらには、メコン川やメナム川、さらにはソンコイ川を下って、ベトナムやタイさらにはカンボジアへと逃れた。一方、長江の下流域の人々はボート・ピープルとなって、日本列島にやってきた。彼らは故郷の地で行なっていた抜歯の風習を縄文時代の社会に伝え、弥生時代になっても守り通した。もちろんそれ以前から日本列島に暮らしていた縄文人も抜歯の風習を持っていたから、その風習は抵抗なく受け入れられた。

日本列島やカンボジア・ベトナムなどの東南アジアに弥生時代になっても抜歯の風習が残るのは、周辺に古い文明の要素が残るという「抜歯周辺文明論説」で説明できるのではあるまいか。

長江流域には春秋戦国時代から前漢の時代には、すでに広く漢民族につながるようなミトコンドリアＤＮＡを持った人々が居住していたと見なす必要があるだろう。彼らには抜歯の風習はなかった。それまでいたハプログループＭ８ａの塩基配列の頻度が低く、抜歯の風習を持った人々は、雲南省や貴州省さらには東南アジアや日本へと逃れた。長江文明の崩壊は、東アジアの大民族移動をともなっていたと見るべきであろう。

これまで日本の抜歯の風習はあらたにやってきた弥生人が縄文時代の伝統をとりこんだという金関丈夫氏[20]らの説があった。しかし、抜歯の風習は四二〇〇年前の気候変動によって大陸を追われ日本にやってきた人々も、もともと持っていたものである。新たにやって来た人々も持っていたのである。日本列島において抜歯の風習が四〇〇〇年前以降の縄文時代後期以降に顕著に見られるようになるのは、こうした大陸との文化的交流があったからである。

その抜歯の風習は、その後さらに日本列島に三五〇〇年前以降の気候悪化によって逃れてきた人々も持っていた。三五〇〇年前以降の気候変動によって大陸を追われた人々もやはり抜歯の風習を持つ少数民族の稲作漁撈民であった。その時代すでに漢民族の祖先になる畑作牧畜民は抜歯の風習は持っていなかった。抜歯の風習が物語る日本考古学への提言は、すでに縄文時代後期に、中国大陸とは密接な交流があったという事実である。

漢民族と周辺諸民族はDNAが違う

四二〇〇～四〇〇〇年前と三五〇〇～三二〇〇年前の気候悪化を契機として北方や西方から侵入した人々は、ヒツジやヤギを飼い、馬に乗り、麦やアワを栽培する畑作牧畜民であった。彼らは抜歯の風習を持たず、篠田氏[26]が指摘する現在の漢民族と類似した、ミトコンドリアDNAハプロタイプM8aの遺伝子を持つ人々であった可能性が高い。M8aのミトコンドリアDNAのハプロタイプを持つグループは漢民族の集団に一定の割合で出現するが、その周辺の集団には少なかった。[2]私はこの四二〇〇～四〇〇〇年前と三五〇〇～三二〇〇年前の気候冷涼化の影響を受け北西方から進入・南下してきた人々が、ミトコンドリアDNAのハプロタイプM8aを持つ人々であったのではないかと見なした。

一方、畑作牧畜民の侵入によって、故郷を追われ雲南省や貴州省さらには福建省などの山岳地帯に逃れ、ボート・ピープルとなって日本列島や台湾へと逃れた人々、さらにはメコン川やソンコイ川やサルウィン川やイラワジ川を下って東南アジアへと移動した人々は、抜歯の風習を堅持し、米と魚介類を食べ、船によって移動する稲作漁撈民であった。篠田氏[4]はミトコンドリアＤＮＡの分析から、朝鮮半島を経由しないで、直接、江南から日本列島に渡来した集団もあったのではないかとも予測していた。

青銅器の産地同定が解明した民族移動

平尾良光氏ら[27]の東アジアの青銅器の同位体分析もまた、三五〇〇～三二〇〇年前以降の気候悪化によって、メコン川やソンコイ川を下って東南アジアへと向かう民族移動があったことを明らかにしている。平尾氏ら[27]がカンボジアのプンスナイ遺跡の青銅器の同位体分析を行なった結果、青銅器の原料は大半が中国江南産のものであった。このことは青銅器を持った人々が江南から移動したり、青銅器の原料が江南から運ばれてきたことを示す。さらに平尾氏ら[27]はベトナムの青銅器の原料も、カンボジアのプンスナイ遺跡と同じく、江南の鉱山で採掘されたものであるが、カンボジアのプンスナイ遺跡とはまったく別のルートで、それらは相互に関連を持たないことを明らかにした。メコン川を下った人々のルーツと、ソンコイ川を下りベトナムに行った人々、あるいはボート・ピープルとなった人々の出発地は異なっていた可能性があり、その後も深い交流がなかったことを示している。

抜歯は漢民族周辺の少数民族の風習として残った

このような抜歯の風習は台湾の少数民族に最近まで残存した。漢帝国の周辺の少数民族に特色的な風習として抜歯の風習を位置づけることができるであろう。その抜歯の風習がさかんなことと、文字を持たないことの間には深い関係があるように思われる。中原の畑作牧畜民はいち早く文字を発明し黄河文明を創造した。これに対し、長江文明には文字がなかった。少数民族の稲作漁撈民が作り出した長江文明はなぜ文字文化を発達させなかったのか。その原因に抜歯が深くかかわっているのではあるまいか。日本列島にボート・ピープルとして漂着した稲作漁撈民をはじめ、中国大陸で長江文明を発展させた少数民族は文字よりも言霊を重視した。それゆえ言霊の出る口は聖なる場所であるとともに邪気をはらうために抜歯を行なったのではあるまいか。おそらく抜歯もお歯黒も同じ意味であろう。文字よりも言霊を重視する民族それが稲作漁撈民であったのではあるまいか。

五　滇王国と日本神話

第二次稲作漁撈文明センター

四二〇〇年前以降、雲南省や貴州省に逃れた稲作漁撈民は、山岳地帯で棚田の開墾を行なった。雲南省や貴州省さらにはソンコイ川流域などの美しい棚田は、四二〇〇年前以降の気候悪化による民族移動によって、故郷の長江中・下流域を追われた人々が、山岳地帯の急斜面にへばりついて、必死に生き残るために開墾したものであろう。

この雲南省や貴州省を中心とする棚田に代表される稲作漁撈文明センターを、「第二次稲作漁撈文明センター」と呼ぶことにする。中尾佐助氏や佐々木高明氏さらに渡部忠世氏は、この「第二次稲作漁撈文明センター」を稲作起源地と誤認し、ここを東亜半月孤[28]と呼んだのである。

女王国としての滇王国の繁栄

この「第二次稲作漁撈文明センター」で発展した文明の代表が滇王国である。滇王国は、雲南省の省都昆明にある滇池と呼ばれる美しい湖のほとりで発展した女王国である。紀元前二五〇〜紀元後一〇〇年の間に大発展した。それは日本の弥生時代前期―中期に相当する時代である。

この滇王国の大発展の背景に、気候変動が大きくかかわっていた。海抜一八〇〇メートルの高原地帯に暮らす人々は、気候変動の影響を強く受けた。尾瀬ヶ原の花粉分析の結果[9]や水月湖の年縞の分析結果（図21）、死海の年

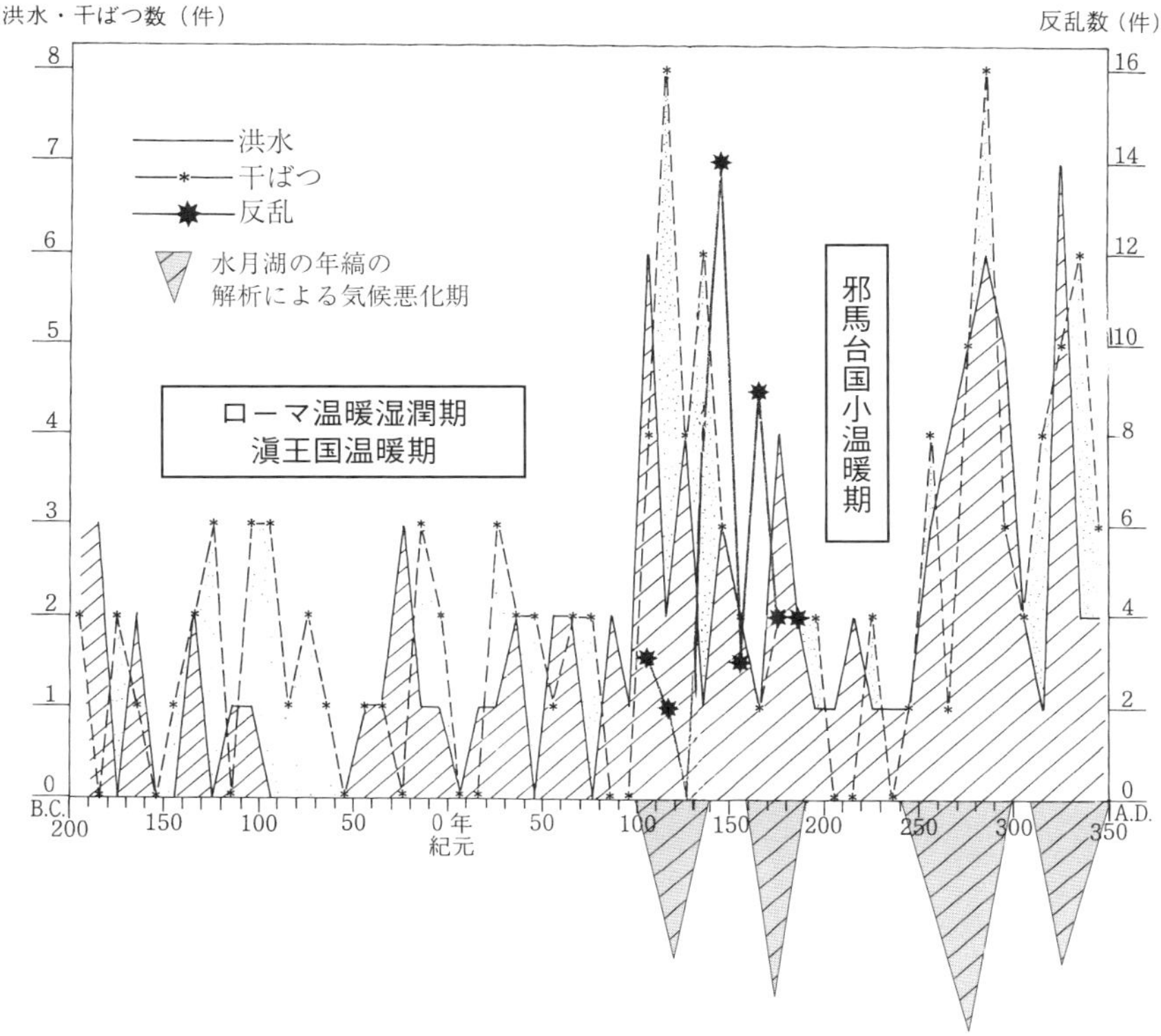

図21　紀元前200年から紀元後350年の気候変動と中国の反乱数

縞の分析結果（図19）は、三五〇〇年前以降の気候の悪化は紀元前二五〇年頃に収束し、それから急激に温暖化する事実を明らかにしている。死海の湖面が紀元前二五〇年以降急激に上昇し、気候が温暖・湿潤化したことを明らかにしている点は重要である。この温暖・湿潤期に、滇王国は繁栄する（図21）。

滇王国は女王国であった。石寨山《せきさいざん》遺跡、李家山《りかざん》遺跡、羊甫頭《ようほうとう》遺跡などから出土したすばらしい青銅製品や木器などから、この滇王国が女性中心の母権制社会であったことが明らかになっている。稲作漁撈社会は、現在の雲南省や貴州省の少数民族に見られるように、基本的に母権制社会であったと見るのが妥当であろう。同じ頃に発展した弥生時代も、この雲南省や貴州省の少数民族の社会と同じく、母権制の社会であったと見なすことができる。

大蛇に生贄になる蛇巫女

李家山遺跡や石寨山遺跡さらには羊圃頭遺跡の墓地から出土した青銅の貯貝器（コヤスガイのお金を貯蔵する容器）の蓋には、天蓋をさした女王を中心として、機織をする女性や音楽をかなでる女性（図22右）さらには、御輿に乗った女王（図22左）や犠牲の儀礼をとり行なう女王（図9）など、当時の生活のあり様が事細かに造形されている。

そこに描かれた風景は、邪馬台国卑弥呼の時代を彷彿とさせる。

女王の暮らす館は、日本の神社建築と同じ高床式の住居であり、屋根に千木がつく。そしてその神殿の前には、蛇を彫刻した看板のようなものが立てかけてあった（図8）。おそらく女王はこの神殿の巫女でもあり、その巫女は蛇巫女であったのである。

日本の神話に登場する大神《おおみわ》神社のヤマトトトビモモソヒメは蛇巫女であった。滇王国と同じく、日本の弥生時代においても、蛇が祭祀を執り行なう上で重要な役割を果たし、その祭祀を執り行なったのは女王であったのであろう。いうまでもなく、このヤマトトトビモモソヒメの箸墓伝説が、卑弥呼の墓と言われる箸墓古墳の名前の由来である。

図22　中国雲南省滇王国の貯貝器の上に青銅で彫金された女性たち

駕籠に乗って日傘をさされた女王（左）と機を織る女性に囲まれた女王（右）。

（玉渓地区行政公署編『雲南省李家山青銅器』雲南人民出版社、1995、雲南省博物館編『雲南省博物館』文物出版社、1991）

三輪山の神オオモノヌシの正体が蛇であることを知ったヤマトトトビモモソヒメは、箸で女陰をつき刺して死ぬ。その箸とはまさに蛇であり、神殿の祭祀では、女王が蛇とまぐわいをする秘儀もあったのであろうと、吉野裕子先生は述べている(29)。女王卑弥呼は蛇とのまぐわいの秘儀の最中に死んだことになる。それで塚を造り、箸墓と名づけたのである。箸墓は蛇墓であったのだ。こうした妄想をかきたてるほどに、滇王国の青銅器に彫られた彫像はリアルである。

第Ⅲ章で述べたとおり石寨山遺跡から出土した貯貝器には、乳房をあらわに、素っ裸で後手を棒にしばりつけられ、髪の毛をゆわいつけられた女性が、二匹の大蛇に犠牲になろうとする光景が彫像されていた。周囲では銅鼓を打ち鳴らし、その群集の中で御輿に乗った女性が平然と見下していた。滇王国では大蛇に人間を犠牲にする儀式があったのである。雲南省にはマンと呼ばれる大蛇が実際にいた。こうした大蛇はかつては長江流域に多く生息し、大蛇に人間を犠牲にする儀礼が広く行なわれていたと見なされる。おそらく柱に素っ裸でゆわいつけられ、いままさに大蛇の生贄になろうとする女性は豊穣の儀礼に失敗した巫女であろう。豊穣の占いに効力がなかったり、悪天候や不作が続いた時、その責任をとって巫女は大蛇の生贄にならねばならなかったのである。

卑弥呼も蛇巫女だった

日本の古代にもこうした巫女がいたことが『三国志』の有名な一節「名づけて卑弥呼といい、鬼道に事《つか》え、能《よ》く衆を惑《まど》わす」と書かれている。もちろん日本の弥生時代には、このような大蛇は生息しない。しかし、日本の神話にヤマタノオロチの物語が語られていた。日本人は巨大な大蛇を見たことはなかったが、そのいい伝えが長江から伝播し、ヤマタノオロチの物語を生んだのであろう。

滇王国と日本の弥生時代の社会は、ともに女王国であるとともに、蛇王国であると漢帝国には見なされていた。

滇王国から出土した金印の鈕は蛇であるし、日本の志賀島から発見された金印の鈕も蛇である。ともに金印の鈕が蛇であることが、漢民族がどのように日本の弥生時代や滇王国の人々を見ていたかを明白に物語っている。抜歯の風習を持たず蛇信仰を持たず龍を崇拝し、男中心の社会に生きる漢民族の人々の目には、女性が大きな力を持ち、抜歯を行なわない大蛇に人間を生贄にする風習さえ持つ滇王国の人々は、女の国の野蛮人に見えたのである。鳥越憲三郎氏[30]が指摘するように漢民族は、こうした長江以南に暮らす稲作漁撈民を倭族として一括して呼んでいたのである。それは女の国の住人だった。

蛇・鳥・鹿・牛・柱・太陽を崇拝する稲作漁撈社会

滇王国の青銅器に彫像された大半が蛇である。唯一、龍と見なされるものが銅編鐘に彫像されている程度である（図23左）。日本の弥生時代の土器にも龍と見なされるものが出土しているが、日本弥生時代もまた滇王国と同じく、蛇を崇拝する社会であったと見なされる。日本の考古学者がS字文と指摘する文様のルーツも、図23右の滇王国の銅編鐘に描かれた蛇の文様から蛇であることがわかる。そのS字文を書いた盾を持って舞う京都市月読神社隼人舞は、まさしく蛇踊りであると言うことができるだろう。

滇王国の祭祀の儀礼で重視されたのは牛である。滇王国から出土した青銅器には、柱に縛り付けられた牛を、鳥の羽飾りの帽子をかぶった二人の男性が、犠牲にしようとする彫像があった。柱の上にも鳥の羽が飾られていた。

滇王国の人々にとって、牛は聖なる動物であり、祭祀の犠牲として重要な動物であった。そして、柱や鳥は、天と地を結合するものとして崇拝されたのである。弥生時代の人々が滇王国の人々と同じく鳥を崇拝したことは金関恕氏[31]や鳥越憲三郎氏[32]によってはじめて指摘されて以来、日本の考古学者も一般的に認めていることである。

稲作漁撈民が大切にしたのは牛であった。これに対し、畑作牧畜民は馬である。そうした牛を犠牲にする儀礼は、今日でもなお雲南省や貴州省の少数民族の中に受け継がれている。もちろんヒツジやヤギは滇王国の世界ではいなかった。畑作牧畜民にとって重要な家畜であるヒツジやヤギを欠き、ブタそしてニワトリを飼っていたのは、弥生時代も同じであった。

『後漢書』（巻八五）列伝・東夷・倭伝には、

「土宜、禾稲・麻紵・蚕桑、知織績為縑布。出白珠・青玉。其山有丹。土気温腝、冬夏生菜茹。無牛・馬・虎・豹・羊・鵲。」

「土は禾稲《かとう》・麻紵《まちょ》・蚕桑《さんそう》に宜《よろ》しく、織績《しょくせき》を知り縑布《けんぷ》を為《つく》る。白珠・青玉を出《いだ》す。その山には丹《に》あり。土気は温腝《おんどん》にして、冬夏は菜茹《さいじょ》を生ず。牛・馬・虎・豹・羊・鵲なし。」

とある。[30]

稲を栽培し麻を植え、蚕を飼う稲作漁撈民は織物を作るのが得意で、その山からは玉と水銀が採れ、気候は温暖で、年中野菜が採れる。牛・馬・トラ・ヒョウ・ヒツジ・カササギはいない。冬の寒い黄河流域に暮らし、冬には植物は枯れ、ヒツジを飼い、馬が重要な移動手段であった漢民族にとっては、気候が温暖で年中野菜が採れ、稲を栽培し蚕を飼う弥生時代の人々の生活はきっと珍しいものであったにちがいない。いつも見なれているヒツジがいないことに驚きの目を見張っているのである。こうした「魏志倭人伝」や「後漢書」

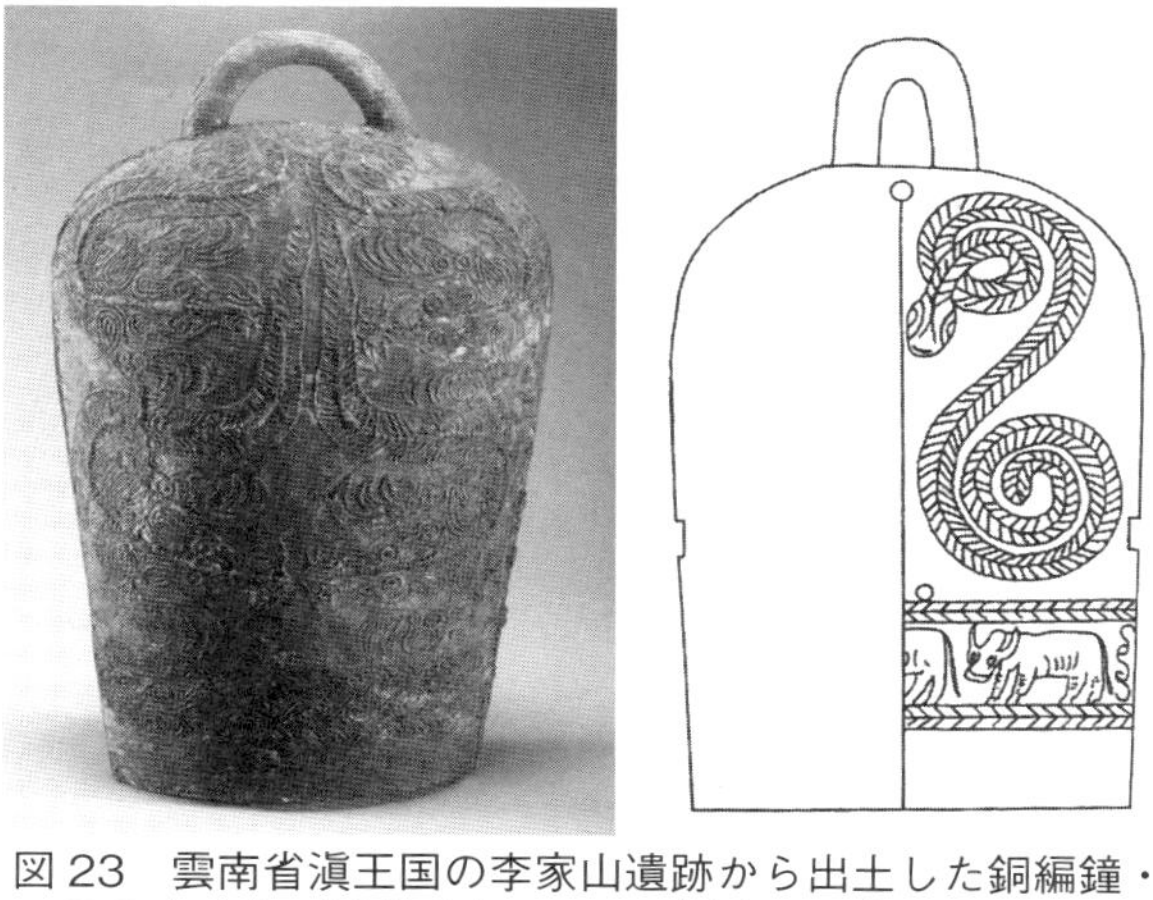

図23　雲南省滇王国の李家山遺跡から出土した銅編鐘・唯一足のある龍が彫像されている（左）。石寨山遺跡から出土した銅編鐘に彫像されたＳ字文と牛・Ｓ字文も蛇だった（右）。
（左：雲南省李家山遺跡出土　玉渓地区行政公署編『雲南省李家山青銅器』雲南人民出版社、1995、右：肖明架氏提供）

の倭人の風習に対する記述が、畑作牧畜民が稲作漁撈民を奇異の目で見たものだということを、はじめて記述したのは、森浩一氏(33)である。もちろん森氏は畑作牧畜民とか稲作漁撈民という用語は使っていない。

日本列島の豊かな森が守られたのは、稲作が伝播した時、中国大陸北部や朝鮮半島で飼われていたヒツジやヤギを導入しなかったからである。日本の稲作はヒツジやヤギを欠如し、バターやチーズを作らない農業として出発している。その伝統は滇王国でも同じであった。滇王国は「ミルクの香りのしない」王国なのである。

また滇王国からは鹿を彫像した青銅製品が多く出土している。日本の弥生時代においても、鹿が崇拝されている。蛇は脱皮し、鹿は角が生え変わることから、生命の再生と循環のシンボルとされたのであろう。

こうした生命の再生と循環の世界観の中心に位置したのが太陽であった。羊圃頭遺跡からは太陽の文様をつけた漆塗りの土器がいくつも出土している。さらに銅鼓の中心には必ず太陽が彫金されていた。その太陽は朝生まれて夕方には死ぬ。命の再生と循環を永劫に繰り返す。そうした再生と循環の世界観をシンボリックに示しているのが、李家山遺跡から出土した黄金のダブルスパイラルである。この宇宙の生きとし生けるものは、生命の永劫の再生と循環を繰り返している。これが滇王国と弥生時代に通底するアニミズムの精神世界であった。

このように滇王国の出土遺物をほんの少しかいま見るだけでも、日本の弥生時代のこれまで見えなかった世界が見えてくる。

滇王国温暖期

その滇王国が大発展した紀元前二五〇年から紀元後一〇〇年の間は、中国でも気候災害の発生件数が少なく、気候が温暖な安定した時代であった(図21)。日本の弥生時代前期後半と中期の時代の気候は安定し、稲作漁撈民の暮しは繁栄した。それは後述するローマの温暖湿潤期と呼ばれる温暖期に相当し、死海の湖面も紀元前二五〇年以降、上昇期に入っていた。私はこうした紀元前二五〇〜紀元後一〇〇年の温暖期を、「滇王国温暖期」と名づけた。[34] 温暖な気候の下、漢帝国の周辺の雲南省と日本列島にもきわめて類似した性格を持った周辺文明としての、滇王国と弥生時代の女王国が存在したのである。

その王国は女王国であり、母権制の社会であった。龍ではなく蛇を崇拝し、蛇巫女の儀礼を持ち、太陽が世界観の中心に位置する再生と循環の世界に生きた。抜歯を行ない、天地を結合する柱を崇拝し、ヒツジやヤギを飼うことなく、牛を崇拝し、魚介類を主たるタンパク質として摂取した。それは中原の漢民族の男性中心の家畜のミルクを飲む畑作牧畜文明とはまったく異なった女性中心の稲作漁撈文明であった。

日本神話を北方史観のみで解釈してはならない

このように日本の弥生時代の社会は、中原の漢民族の畑作牧畜民の男性中心の社会とはまったく異質の社会であり、むしろ遠く離れた雲南省の滇王国ときわめて類似した社会であったことがわかる。これまでの日本の考古学者や歴史学者による弥生時代や邪馬台国の研究は、中原の漢民族など、畑作牧畜民の男社会との関連で考察することに重点があった。このために、その歴史と社会の本質を理解することができなかったのではあるまいか。

それはまた日本神話の解釈についても同じである。日本神話を朝鮮半島経由の北方史観で解釈するかぎり、日本神話が持つ真の意味がわからないのである。日本の神話は北方の畑作牧畜民の神話ではなく、南方の長江流域の稲作漁撈民の神話と深い関係があることがわかる。

すでに述べたように、雲南省の滇王国には日本の神話を彷彿とさせるような出土遺物がたくさんあった。日本の神話のルーツは、こうした雲南省や貴州省さらには広西省・福建省に暮らす少数民族の神話と深い関係がある。

欠端実氏[35]は雲南省南部のソンコイ川流域のハニ族の説話を調査研究し、とくにその説話の中の思母を歌う祭母物語に注目した。そしてその少数民族の説話物語と日本神話のあいだに深い共通性があることを発見した。欠端氏[35]は日本列島に稲作や神話をもたらした人々は、雲南省からソンコイ川を下りベトナムのハノイに行き、そしてボート・ピープルになった一団であった可能性を指摘した。

欠端氏[35]が注目した祭母の物語は、ソンコイ川流域のハニ族のみでなく、貴州省プーイー族、広西省のヤオ族、海南島のリー族、広東省・福建省・浙江省の漢族、雲南省・四川省のナシ族、タイのタイ族などに広く伝播し、最後に日本列島にまで伝播していた。欠端氏[35]はこうした説話の分析から、日本神話の源流となる物語が雲南省や貴州省からソンコイ川を下り、福建省の海岸を伝って沖縄そして南西九州へと伝播するルートを想定している。その説話の伝播ルートが朝鮮半島を経由することなく琉球列島から南西九州にたどり着いていることが注目される。すでにミトコンドリアDNAの分析から篠田氏[4]が、日本列島には朝鮮半島を経由しないで直接渡来した集団があったことを指摘し、佐藤氏[5]もイネのDNA分析から同じように朝鮮半島を経由しないルートを想定している。欠端氏[35]のこの説話の伝播ルートもまた、朝鮮半島を経由しないルートを想定している。日本神話の原点となるこうした説話の伝播も、南の海上の道を伝って日本列島へと伝わったのであろう。

日本神話のニニギノミコトが南九州の鹿児島の笠沙町黒瀬海岸に漂着するという物語の原点も、こうした日本列島に説話が伝わった経緯を指し示しているのであろう。

トンレサップ湖のボート・ピープル

日本列島に稲作漁撈民の説話をもたらしたボート・ピープルの姿を彷彿とさせる人々に出会った。それは、現在のカンボジアのトンレサップ湖で暮らすボート・ピープルである（図24）。彼らはもともとベトナムからやってきた人々であるが、湖の上の木造船で暮らすとともに、竹で筏を組み、その上にブタ小屋やニワトリ小屋は言うに及ばず、サッカー場まで作っている。そして、雨期と乾期のトンレサップ湖の水位の変動にあわせて湖上を移動するのである。おそらく、日本列島に稲作をたずさえてやってきた人々は、こうした木造船と竹の筏をセットに持ち、ブタ小屋や魚の生簀なども備えたものであったと見なされる。
木造船だけで、ブタやニワトリの家畜を運ぶには、大型の船が必要と考えがちだが、小型の木造船に竹で作った筏をくくりつけ、その上でブタやニワトリを飼い、生簀を作れば、小船であっても容易に東シナ海を家畜を連れて横断できるのである。

六　稲作漁撈社会には女性の戦士がいた

蔑視された女性中心の社会

『三国志』は紀元二二〇～二八〇年の歴史を、陳寿が編纂したものである。
巻三〇魏志・東夷伝・倭人には

「対馬国。其大官卑狗、副官卑奴母離」

「対馬国の大官は卑狗《ひく》といい、副官は卑奴母離《ひなもり》という」

とある。(30)

そこに倭人のことが書かれている。この倭人や倭族はもともとは鳥越憲三郎氏(32)が指摘するように、長江以南に暮らしていた稲作漁撈民の総称であったことは事実であろう。ここでは具体的に対馬国という名前があがっており、対馬のことである。その対馬には卑狗《ひく》という大官と卑奴母離《ひなもり》という名前の副官がいたという。そこは絶海の

図24　カンボジア・トンレサップ湖の水上生活者

孤島で土地は険しく深い森に覆われて獣道のような道しかなく、人々は海産物を食べて船に乗って交易をしていたと記されている。

私が注目したのは卑奴母離《ひなもり》という副官の名前であった。この副官の名前は対馬国のみでなく一支国、奴国、不弥国の副官にも付いている。男性中心の漢民族の社会では母人という用語はめったに使用せず、それは動物と同じきわめて蔑視の呼称であった。そのうえに卑奴という きわめつきの蔑視の言葉がその上についた副官卑奴母離の名前は、おそらく漢民族が嘲笑とさげすみの強い意味を持って付けたのであろう。さらに同じ名前が一支国、奴国、不弥国の副官にも付いていることから見て、個々の名前の区別などどうでもよく、とりあえず全体的な卑称として卑奴母離と呼んだのであろう。全体的な卑称として卑奴母離と呼んだ背景にはなんらかの共通項もあったはずである。それは副官卑奴母離が女性であったということなのではあるまいか。そのような目で見れば、邪馬台国の女王だった卑弥呼は「卑しい《いや》巫女《みこ》」なのではあるまいか。さらに対馬国や一支国の大官の名前には卑狗と付けられ、卑しい狗という意味である。畑作牧畜民の漢民族から見ると、女性中心の社会は理解に苦しむ社会であったろう。その上、彼らは漢民族とはまったく異質の生活習慣を持っていたがゆえに、動物以下の狗以下の存在として見なされていたのである。

狗と日本人はお断り

私は戌年である。だから犬が怖いわけではない。西ネパールの海抜三八〇〇メートルのララ湖で学術調査をしていた時、二頭のチベット犬に襲われて、あやうく命を落としそうになった。それ以来、犬が恐ろしくなった。犬は人の心をよく読んでいる。「こいつは自分を恐れている」とわかると、途端に気高になって吠えかかる。子犬までが私をなめてかかってくる。

ところが中国にいって、犬の姿が少ないことに安堵した。それどころか、犬は人間を見ると、そそくさと身を隠す。どうしてだろうかと思っていたら、「夏の暑い時冬の寒い時の精力の回復には、犬のなべ料理が最高だ」と言われて、犬を食べたことがある。なかば復讐気味に食べたが、確かにその後、元気になった。

中国ではまだ犬料理を食べるのである。だから町の中をうろつく犬はほとんどいないし、狂犬病の危険性もない。

二〇一三年四月一四日の朝日新聞朝刊に、山中季広氏が、今も中国人は日本人を犬以下にさげすんでいることを書いておられた。尖閣諸島の領有問題以降、香港の飲食店には「本店不接待日本人和狗」という看板が掲げられた。つまり「犬と日本人はおことわり」という意味である。山中氏は「さげすむにもほどがある。」と書いておられるが、こうした日本人を犬以下の存在としてさげすむのは、今にはじまったことではない。日本人を犬以下と中国人がさげすむのは、二〇〇〇年前の邪馬台国の時代からだったのである。

『漢書』や『後漢書』さらには『三国志』の記述は、いずれも男性中心の畑作牧畜民としての漢民族が、女性中心の稲作漁撈民の暮らしを奇異の目で記述したものであることを古代史家はもっと知らなければならない。古代史家はこれまで『漢書』や『後漢書』さらには『三国志』を嬉々として研究してきたが、そこに記された内容は漢民族によるに日本人蔑視の内容に満ちたものなのである。

日本人が犬以下の存在として蔑視されたのは、この尖閣諸島の領有問題が起こった今にはじまったのではなく、二〇〇〇年以上の歴史があるのである。

漢民族にとっては、父が大事で母は卑しい存在で、母人という用語はめったに使わない。それは動物と同じきわめて蔑視の呼称だった。副官卑奴母離の名前は、漢民族が嘲笑とさげすみの強い意味を込めて呼んだものであろう。父権主義に立脚する漢民族の人々にとっては、女性中心の倭人の社会は動物以下の卑しい社会だったのである。魏志・東夷伝・倭人条には、男性の文明原理を持つ畑作牧畜民が、女性の文明原理に立脚した稲作漁撈民の社会を見下し蔑視する姿勢が明白に語られている。卑弥呼でさえ卑しい巫女だった可能性があるのに、そのことを問題にした邪馬台国の研究者はこれまで一人もいなかった。

だが漢民族の周辺に暮らし、抜歯をする諸民族にとっては、命を生み出す母こそがもっとも重要だった。縄文時代は、もともとお母さんを中心とする母権制の社会だったが、そこに大陸から伝播してきた稲作もやはり長江文明の稲作漁撈民の歴史と伝統文化を受け継いだ、お母さん中心の母権制の社会だったのだ。

もともと長江流域に暮らし、稲作漁撈を生業にしていた人々は、四二〇〇年前の気候変動によって北方からやってきた畑作牧畜民に追われ、貴州省や雲南省の山岳地帯や、台湾、さらには日本列島に逃げてきたのである。(2)

雲南省や貴州省、四川省の少数民族のなかには、今でも母権制の社会を維持している部族があった。貴州省のミャオ族のほかに、四川省のロコ湖の湖畔に暮らすモソ族もまた、母権制の社会を強く残している。モソ族の村を訪れた時、やはり一番いばっているのはおばあさんで、おじいさんやお父さんは小さくなっていた。

日本にも古来から女性優位の風習や習慣は多数ある。邪馬台国の女王は卑弥呼であるし、奈良時代には女帝が何人も出現した。さらに平安時代には、夫が妻の家に通う妻問婚が一般的だった。そうした女性優位の社会が、明治以降、近代西洋文明の軍隊のシステムを取り入れてから、いっきに男中心の社会になった。

しかし、現代の家庭でも、財布の紐は全部、奥様が握っている場合が多い。日本にはまだ女性中心の社会の伝統が残っている。ヨーロッパ人はレディ・ファーストで女性を大切にしているが、それは女性は弱いから守らなければならないという思想からくるものである。キリスト教のイエスは男性である。もっと前のギリシャのゼウスも男性である。つまり、畑作牧畜のヨーロッパはやはり父権制の社会なのである。

これに対して日本の最高神、アマテラスオオミカミは女性。同じ太陽神であっても、中国の黄河文明の炎帝は男性であった。日本人は、やはり女性を崇拝する文明原理をどこかに有している。漢民族は父権制の男性文明原理を、日本民族は母権制の女性文明原理をどこかに維持しているのである。だからあわないのである。

サッカーの「なでしこジャパン」の活躍は象徴的だったが、私は、日本の女性は世界一だと思っている。言わば、日本が誇るべき部分である。市長さんや知事さんの半分は女性でいいとさえ思っている。大学教授の半分も、女性がいい。それくらいの社会にしていけば、新しい、戦争のない持続型の文明社会を構築できるかもしれない。

水にもぐり魚や貝を採って食べる奇妙な風習

さらに『三国志』はつづける

「男子無大小皆黥面・文身。〈中略〉断髪・文身以避蛟竜之害。今倭人好沈没捕魚・蛤」

「男子は大小となく顔や体に入れ墨をしている。〈中略〉ちょんまげや入れ墨をして、サメの害を避ける。倭の水人は好んで水にもぐり魚や蛤を採る」(30)。

何よりちょんまげを結び、入れ墨をして、海にもぐり海産物を採り、食料とする生活は、馬に乗り陸で暮らし、ヒツジやヤギの肉を食べミルクを飲む畑作牧畜民の漢民族にとってはきわめて異質な生活であった。中原の畑作牧畜民の漢民族にとって、ヒツジやヤギの肉を食べることには慣れていたが、魚介類を食べること、ましてや生魚を食べることには抵抗があったはずである。臭い納豆や発酵食品を食べることも苦手であったことであろう。水にもぐり魚や貝をとって食べる風習も、彼らにとってはきわめて異質の習慣であったのである。

『漢書』や『後漢書』さらには『三国志』の記述は、いずれも男性中心の畑作牧畜民としての漢民族が、女性中心の稲作漁撈民の暮らしを奇異の目で記述したものなのである。こうした『漢書』や『後漢書』さらには『三国志』の記述にも見られる日本列島の姿を、これまで古代史家は嬉々として研究してきたが、そこに記された内容は漢民族による稲作漁撈民の蔑視の内容に満ちたものであることを知らなければなるまい。日本人は犬以下の存在として見なされていたということである。

羊圃頭遺跡の女王の墓

我々は、二〇〇〇年に雲南省昆明の羊圃頭遺跡の発掘調査に協力することができた[36]。その発掘で王墓と見なされる木郭木棺墓が発見された（図25）。人骨は発見されなかったが大量の副葬品が発見された（図26）。その副葬品には男根を模した木製や青銅の製品（図27）がいくつも発見され、この被葬者が女性であることをうかがわせた。にもかかわらずその副葬品には、大量の武器が埋葬されていたのである。それらの武器は、美しく漆で赤や黒に塗られた装飾用の武器と見なされるものであった（図28）。

女王の墓であると見なされるのに、大量の武器が出土したことには驚かされた。美しく飾られた装飾用の武器とはいえ、この大量に遺体とともに埋葬された武器はいったい何を物語るのであろうか。女王は自ら戦闘の現場にも立ったのであろうか。

図25　雲南省滇王国羊圃頭遺跡の女王墓と見なされる木郭木棺墓

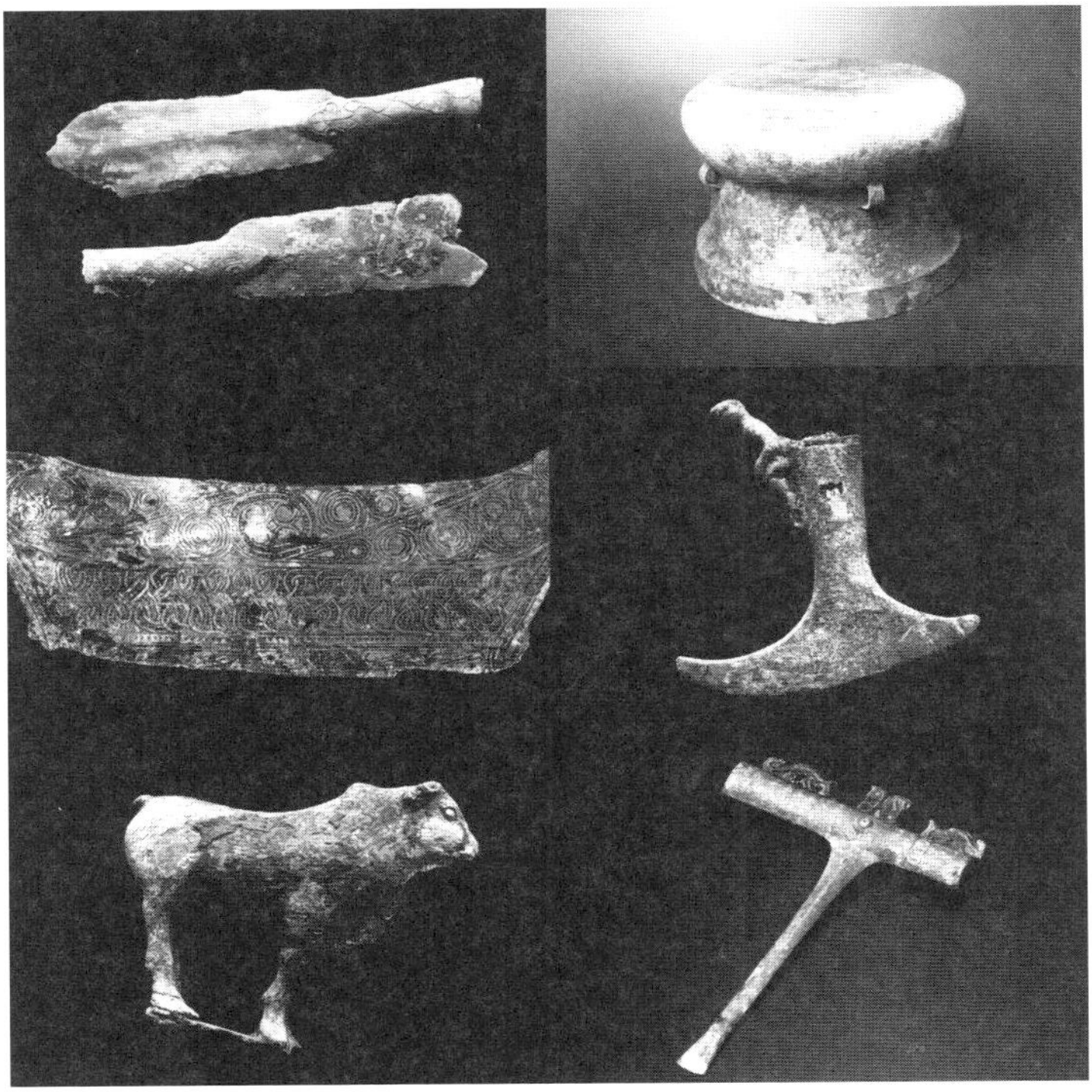

図 26　羊圃頭遺跡の木郭木棺墓から発掘された青銅製品
（羊圃頭遺跡出土、撮影竹田武史）

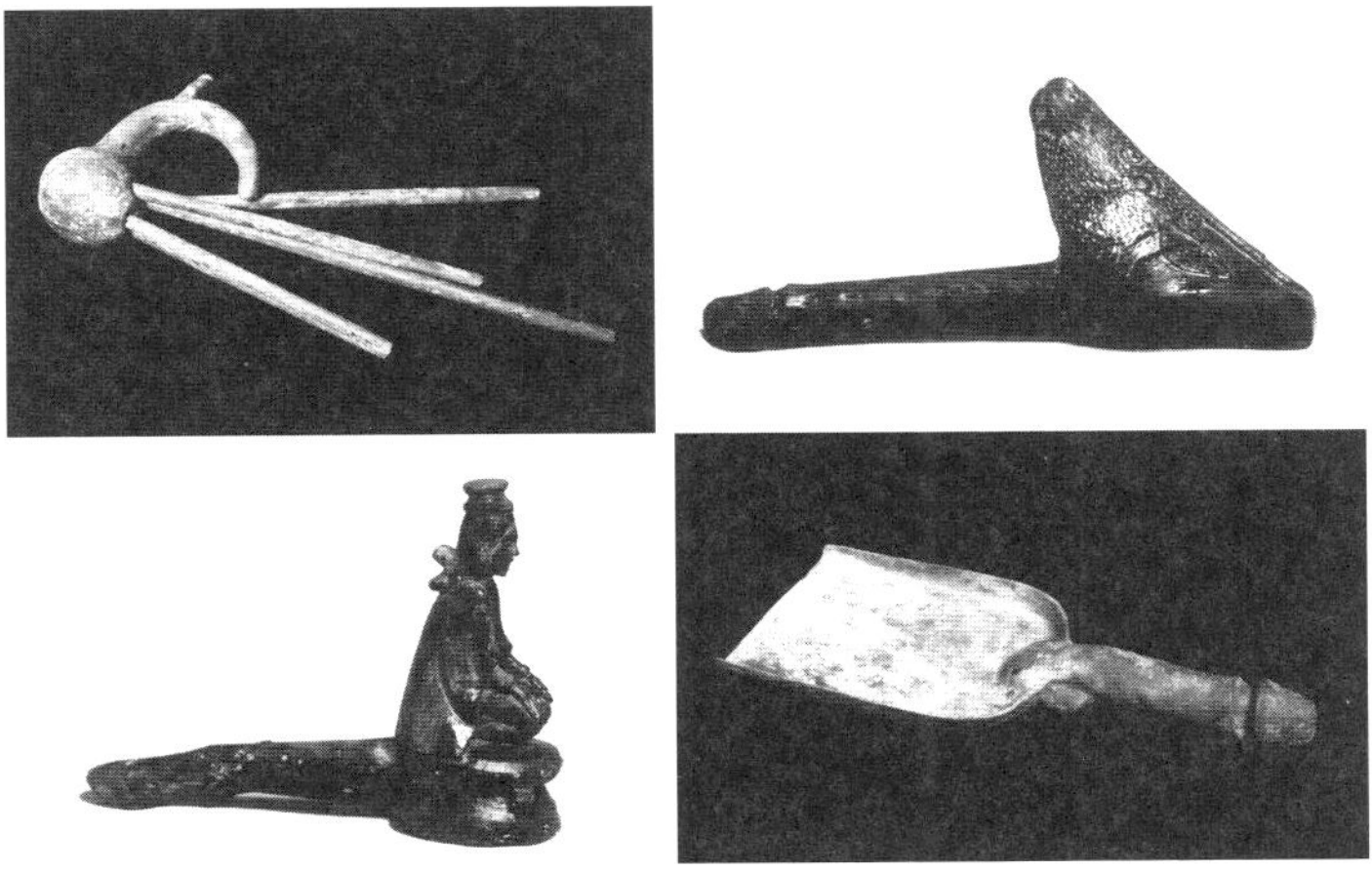

図 27　男根を模したとみなされる漆塗りの木製品や青銅製品が多数出ることから女王の墓であるとみなされた（羊圃頭遺跡出土、撮影竹田武史）

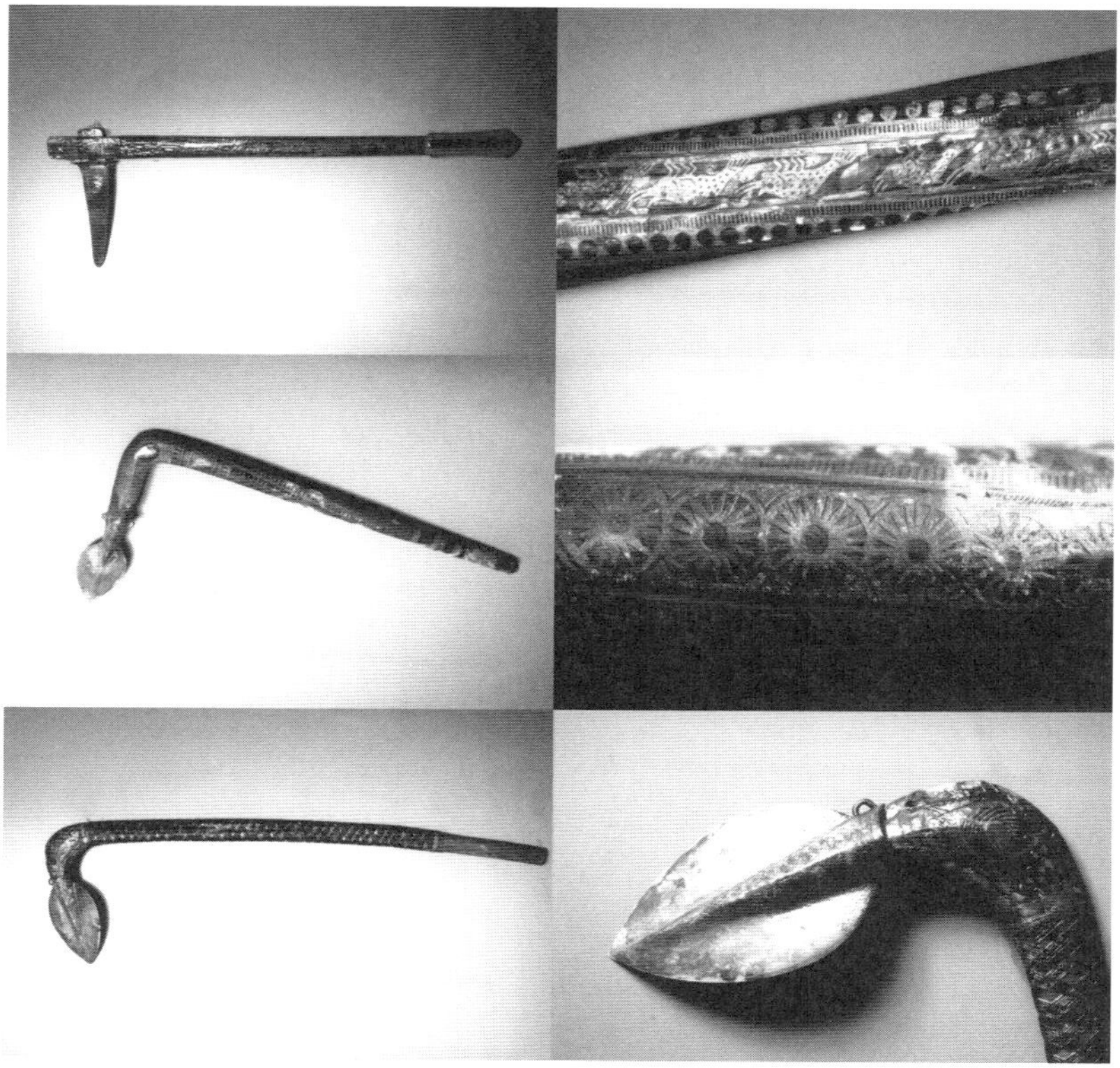

図 28　女王の墓である木郭木棺墓から出土した漆塗りの大量の武器

その武器には太陽紋（中段）が描かれてあるものもあった（羊圃頭遺跡出土、撮影竹田武史）。

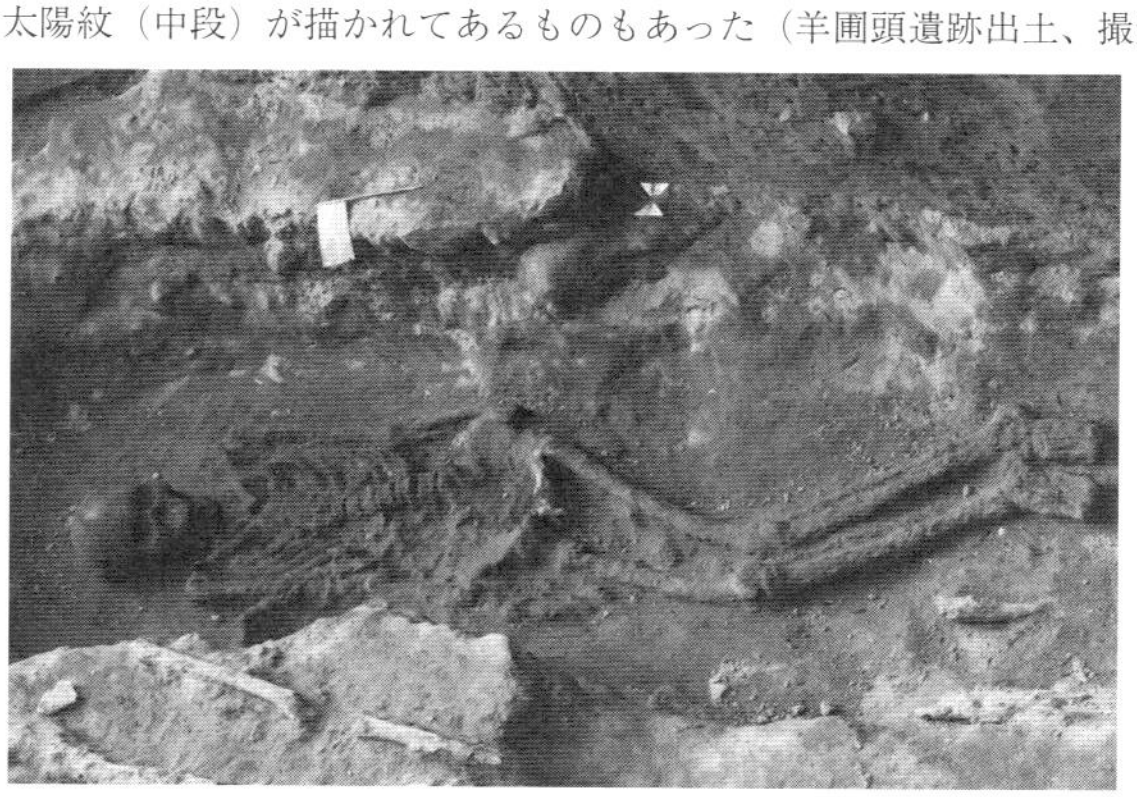

図 29　カンボジア・プンスナイ遺跡Ｄ地区から検出された巨人の人骨

エポレット（肩章）を持った軍人の姿をし、男性か女性か明白に区別できないほどだが、
骨盤は女性らしさを保っていた。

カンボジアのアマゾネスの世界

さらに二〇〇七年度から、カンボジアのプンスナイ遺跡の発掘調査を実施した[18]。カンボジアのプンスナイ遺跡は、まさにこの雲南省の滇王国や日本の弥生時代の王国ときわめてよく似た性格を持つ王国であった。松下孝幸氏[19]による人骨の分析で驚いたのは、銅剣や甲冑を身に着けた人骨までが女性であったことである。中には身長一八〇センチメートルもある大柄の人骨があり、肩には軍人の印である土器で作った肩章までついた、明らかに軍人で男性だと素人目には見えた。ところがこの巨人の人骨（図29）もまた女性である可能性が高くなった。明らかに戦士のいでたちをした巨人の人骨までが女性である可能性が高かったことには、驚かざるをえなかった。それは、滇王国や邪馬台国卑弥呼の女王の国を髣髴とさせるに十分であった。そこで二〇〇七年一一月一四日に記者発表を行なったが、日本の新聞記者の反応は今ひとつであった。ところが海外の反応はすばやかった。イギリス、フランス、アメリカ、ドイツなどの各国のメデイアが、「カンボジアからアマゾネスの王国が発見された」という記事を掲載するだけでなく、ラジオでも放送がながれた。

女性中心の稲作漁撈社会に暮らす日本人にとっては、アマゾネスの世界の発見はそれほどたいした興味をひくものではなかった。ところが男性中心の畑作牧畜民の世界に暮らす欧米の人々にとっては、それ大きなショックだったのである。それは二〇〇〇年前も同じであった。『漢書』や『後漢書』さらには『三国志』に描かれた女性中心の倭族の暮らしは、男性中心の漢民族にとっては奇異でありショックであったのである。

タンパク質に魚を食べた証拠

V・ヴェン[37]の魚骨の分析から、プンスナイ遺跡の人々が魚介類を主たるタンパク源としていたことが明らかとなっている。トンレサップ湖畔の湿地で栽培する稲とトンレサップ湖でとれる魚介類をタンパク源として、豊かな稲作漁撈民の文明が華開いたのである。その女性の戦士の遺体とともに埋葬されていたのは魚であった。あの世に行ってからの食料として調理したものを一緒に埋葬したり、魚一匹が埋葬されたものもあると見なされている。これは、中国東北部の畑作牧畜民の遺跡で猪や豚あるいはその肉が一緒に埋葬されているのとは大きな相違である。

稲作漁撈民の暮らしを奇異の目で見た記述

くりかえすが、これまでの司馬遷の『史記』や『漢書』や『後漢書』さらには『三国志』の記述は、あくまでもこの畑作牧畜民が稲作漁撈民の暮らしを奇異の目で見た歴史記述なのである。そしてこの漢民族の畑作牧畜民によって稲作漁撈民は野蛮人、卑しい動物と同じものとして見なされ、文明などとは無縁の暮らしをしてきたと長らく見なされてきたのである。

太陽を崇拝した稲作漁撈民

羊圃頭遺跡の木郭木棺墓の埋葬者も女性であったが、出土した武器は漆で太陽紋を描いたもの（図28中段）が多数出土していたし、大陽紋を描いた高杯土器も出土していた(2)。おそらく太陽信仰が精神世界の中心的存在であったと思われる。このプンスナイ遺跡からも太陽紋をつけた祭祀注口土器（ケンディ）（図30）が出土しており、プンスナイ遺跡の人々にとっても太陽信仰がきわめて重要な位置を占めていたものと思われる。興味深いのは、その太陽紋と羊圃頭遺跡の漆器に描かれた太陽紋が酷似していたことであった(2)。

卑弥呼の鬼道もまた太陽信仰に深くかかわるものであったと見なされる。そして日本神話の頂点に立つアマテラスオオミカミも太陽神である。太陽神が女性であるというのも稲作漁撈民の特色であった。これに対し畑作牧畜民の太陽神アポロは男神であった。

図30　カンボジア・プンスナイ遺跡から発見された黒陶土器（上）と
ケンデイと呼ばれる祭祀注口土器（下）

ケンデイに描かれた太陽紋（○囲み部分）は、図28中段の雲南省滇王国羊圃頭遺跡の太陽紋とまったく同じだった（撮影竹田武史）。

東逸子氏はアマテラスオオミカミの戦闘する姿、鎧兜で武装し弓を手に持つ姿（図13右）を描いている。おそらく日本のアマテラスオオミカミも神宮皇后もやはり戦士だったのではあるまいか。

七　紀元前二五〇年〜紀元後二四〇年の温暖期と文明の興亡

ローマ温暖湿潤期

気候は、紀元前二五〇年のヘレニズム時代から温暖化した。死海の湖面は上昇し、死海周辺の気候は湿潤化した。そしてローマ時代は、湖水位の高い湿潤な時代であった。こうした死海の湖面が高い湿潤な時代は、紀元後二四〇年までつづく（図21）。これまでの古典的な海面変動の研究[38]に示された、ローマ海退とポスト・ローマ海進が、歴史学者の間では今でも信じられ利用されているが、この海面変動曲線は誤りで、むしろローマの繁栄期は海退期ではなく海進期の温暖期なのである。

ローマが北緯三五度以南の地中海沿岸やアフリカ東部を領土に組み込んだのは、この温暖期に北緯三五度以南の中近東やアフリカ北部は湿潤で、多くの穀物の生産量が得られたからである。さらに、アルプス以北のゲルマンの地にまで領土を拡大できたのは、この温暖な気候の賜物なのである。

東アジア世界において滇王国や日本の弥生時代が発展した紀元前三世紀から紀元後三世紀のあいだは、このローマの温暖湿潤期に相当する。

こうした「ローマ温暖湿潤期」「滇王国温暖期」の明白な証拠は、死海の年縞の分析結果[12]と富山県ミクリガ池の年縞の分析結果[39]から明らかになっている。

死海のエリム谷の年縞と富山県立山ミクリガ池の年縞

死海のエリム谷からは美しい年縞のある露頭が発見され、三五〇〇年前の著しい気候悪化が明らかとなり、死海周辺の北緯三五度以南が著しい冷涼・乾燥気候に見舞われたことを述べた。

こうした気候の冷涼期は紀元前二五〇年ころ終わり、再び年縞が堆積を開始する。死海の水位はしだいに上昇を開始した。エルサレムの博物館には、ユダヤの英雄ヘロデ王の時代につくられたという船の碇が展示されている。碇の材の年代は紀元前六〇年であった。さらに錘の部分の鉛の同位対比から、この錘がイタリアの鉱山でつくられたものであることもわかった。

ヘロデ王はダビデ、ソロモン王がたてた宮殿の外壁を紀元前六一年に修復し、今のなげきの壁（図31）を作った人である。嘆きの壁の高さは五〇メートルもあったと言われている。そのヘロデ王はマサダ平原をはじめ砂漠に十一の城をつくった。ヘロデ王はエルサレムからマサダの城に向かう時に船で死海をわたった。この碇はその時のものではないかと見なされている。ヘロデ王が活躍した時代のイスラエルの地は、今よりも雨の多い湿潤な時代だった。それがユダヤ民族の発展をもたらしたのであろう。

エリム谷の美しい年縞が堆積している中で、年縞がとぎれたところがいくつか存在する。年縞の連続が途切れた時代は、何か異

図 31　ヘロデ王が紀元前 61 年に修復したと言われるなげきの壁≪石壁≫に向かって祈り、語りかけるユダヤ教徒

石と石の間には願い事を書いた紙が挟まれている。男しかいない。

変があった時代である。たとえば年縞がはげしく攪乱を受けた紀元前三一年の層が発見された。それはこの地方を巨大な地震が襲ったからである。その地震の記録はフラウィウス・ヨセフスの『ユダヤ古代誌』に記録されていて、紀元前三一年であることは間違いない。地震が起きると年縞が攪乱を受けて、青灰色の粘土層に下部からまきあげられた白色の層が混入する攪乱層が堆積する。

この紀元前三一年の地震による攪乱層から上方に数えて三一本目の年縞こそ、イエスがお生まれになった紀元0年に形成された年縞なのである。イエスがお生まれになった時代の年縞には美しい塩の結晶が含まれていた。塩の味は、現在の湖岸に堆積している塩の味にくらべて甘かった。「地の塩になれ」とはイエスの言葉である、我々はこのイエスの言葉をかみしめることになった。

イエスがお生まれになったころの年縞は石灰分をほとんどふくまず、青色の厚い粘土層と褐色の鉄分の沈着層からなっていた。これは死海周辺がこの時代、雨の多い湿潤な気候であったことを物語っている。紀元前二五〇年から紀元前三一年の年縞の合計した厚さが八〇センチであったのに対し、紀元前三一年から紀元後二四〇年の年縞の合計した厚さは一八〇センチもあり、堆積速度は二倍に達していた。ローマ時代の死海周辺が、いかに雨の多い豊かな時代であったかがわかる。周辺から多くの物質が湖底に雨によって供給され、厚い年縞が堆積したのである。

イエスがお生まれになった年の年縞の花粉分析の結果[12]、当時の死海の環境はいまよりもオリーブやブドウそれにナツメヤシがたわわにみのり、緑豊かな環境だったことも判明した。イエスもこの緑あふれる死海を訪れられたことであろう。

同じように富山県立山のミクリガ池の年縞の分析結果からも、紀元前二五〇年から紀元後二四〇年の「ローマ温暖湿潤期」が明瞭に記録されていた。この時代にミクリガ池周辺の積雪量は減少し、湖の蒸発量が増大したことが明らかになっている[39]。

死海の年縞やミクリガ池の年縞の分析では、紀元前二五〇年から紀元後二四〇年の温暖期の存在は明白であるが、その間の詳細な気候変動についてはまだ解明されていない。しかし福井県水月湖の年縞の分析結果[40]と尾瀬ヶ原の花粉分析の結果[9]は、その五〇〇年間の気候変動の詳細についても明らかにしている（図21）。

黄巾の乱と倭国大乱

紀元前二五〇年から紀元後二四〇年の間は、全体として温暖な時代ではあるが、その間にもいくつかの変動期が存在する。とりわけ気候は紀元後一〇〇年頃から不安定となる。水月湖の年縞の分析結果と、尾瀬ヶ原の花粉分析の結果からは、紀元後一二〇年をピークとする気候悪化と、紀元後一八〇年をピークとする気候悪化の二時期が明らかとなっている（図21）。紀元後一〇〇年以降の気候の不安定化によって、北方シルクロードの要であった西域都護府が紀元後一〇七年に廃止されて以来、中国では、気候災害の発生件数が急増してくる。

死海の年縞のこれまでの分析結果には、紀元後一二〇年頃をピークとする気候悪化は示されていないが、紀元後一二五年にローマの植民地であった北アフリカでペストが大流行して以来、アントニヌスの疫病（紀元後一六五〜一八〇年）などが流行し、紀元後一八九年にはローマで一日二〇〇〇人の死亡者が出るなど、たてつづけに疫病の災禍に見舞われている。このことからも、紀元後一〇〇年以降、気候が不安定化したことがわかる。

紀元後一八〇年頃をピークとする気候悪化期には、漢帝国では黄巾の乱（紀元後一八四年）が引き起こされ、ついには紀元後二二〇年に後漢王朝は滅亡する。

鈴木秀夫氏[41]は、漢帝国の崩壊はすでに、紀元後一〇〇〜一三〇年の異常気象から始まっていたという多田狷介氏の説[42]を紹介している。紀元後一〇八年には、気象災害によって黄河下流域の平野に貧民や流民が多発し、それらは段階的に北から南へと混乱地域が拡大していった。

そして、紀元後一八四年の黄巾の乱では、華北の平原一帯からは住民がほとんど全滅し、乱は中国全土に波及し、人口は五〇〇〇万人台から一気に四〇〇〇万人台にまで激減したと言う。

この黄巾の乱が引き起こされ、中国大陸が大混乱に陥った時に、日本列島においては、倭国大乱がおこる。日本列島で引き起こされた倭国大乱が、この紀元後一八〇年頃を中心とする気候悪化に端を発した、東アジアの政治・経済体制の変動の中で勃発した動乱であったことは、私がくり返し指摘してきたことである。[14]稲作農耕民の暮らす沖積低地において、大変動が見られた。とりわけ大阪府河内平野においては、弥生時代前期から中期にかけて大発展した三角州に立地する瓜生堂遺跡などの巨大集落が、つぎつぎと放棄された。[43]

邪馬台国小温暖期

ところがその倭国大乱のあと、一人の女王を擁立して倭国がおさまった。それが卑弥呼である。倭国大乱の原因となった紀元後一八〇年頃をピークとする冷涼期が終わったあと、紀元後二〇〇～二四〇年の間は、中国大陸でも気象災害の発生件数は少なく、尾瀬ヶ原の花粉分析の結果も、温暖な気候を示唆している。邪馬台国の発展と倭国の平和は、この短期間の温暖期の産物である。[34]私はこの小さな温暖期を「邪馬台国小温暖期」と名づけた。

八　ローマ帝国の衰亡とコインの銀の含有量

ローマのコインの銀の含有量の変化と気候変動

ローマの衰亡を端的に物語っているのが、ローマのコインの中の銀の含有量である。皇帝ネロ（紀元後五四～六八年）の時、ローマは大火災に見舞われた。その復興費用を捻出するために、紀元後六四年に皇帝ネロは銀貨の質を落とした。しかしそれは九八パーセントの銀の含有量を九三パーセントに落とした程度であった。[44]しかしこの皇帝ネロ以来、それに続く皇帝たちは経済危機のたびにコインの銀の含有量を落とすことによって国家財政の建て直しをはかることになった。皇帝アントニウス・ピウスの時代（紀元後一三八・一六一年）までがローマがもっとも繁栄した時代であるが、そのローマの繁栄の時代は北緯三五以南の属州が温暖湿潤な気候に恵まれ、北緯三五度以北の属州が温暖な気候に恵まれていた。アントニウス・ピウスの時代までは、コインの銀の含有量はゆるやかに下降しながらもなんとかはげしい質の下落を食いとどめている。

ところがアントニウス・ピウスの死後、パルティアとの戦争が引き起こされ、この戦争に参加した兵士が持ってきた疫病によって三分の一の人口が失われた。紀元後一八九年には一日二〇〇〇人もの人がローマで死亡したと言われている。これはおそらくペストであったと見なされている。(45) そしてローマのコインの銀の含有量は、この時代から急激に下落をはじめる。

この倭国大乱と黄巾の乱を引き起こした気候悪化は、紀元後一八〇年前後のローマでのペストの大流行をもたらした。しかしこの時代の気候悪化は、死海の年縞の分析結果には記録されていない。その気候悪化の証拠は日本列島の尾瀬ヶ原の花粉分析の結果、水月湖の年縞の分析結果、さらには大阪府河内平野の微地形の変化から明らかとなっている。紀元後一八〇年前後は、東アジアも大動乱の時代であった。中国では黄巾の乱が紀元後一八四年に起こり、日本でも倭国大乱が引き起こされていた。こうしたローマにおける疫病の多発の原因が、気候悪化にあったことは明らかである。

この疫病による人口の激減によって、ローマの辺境を守る軍隊も激減した。この時代以降、奴隷や剣闘士が兵隊に借り出された。ローマのコインの質が低下することによって、インフレーションも引き起こされた。エフェソスではパンの値段が二倍になった。

皇帝コモドウス帝が紀元後一九二年に亡くなったころには、まだローマの銀貨はそれでも七三パーセントの銀を含有量を保有していた(44)。しかしそのあとの皇帝セプティミウス・セルベルス（紀元後一九三―二一一年）は銀の含有量を五六パーセントにまで下落させてしまった。そしてそれ以降、ローマのコインの銀の含有量は底なしに下落していくのである。

ローマ帝国の衰亡と気候変動

紀元後二三五年から二八四年の五〇年間がローマが衰亡する時代である。属州政府は荒廃し、戦争が多発し、それに対処する軍隊と官僚だけが増加し、そのための税金は膨れ上がった。その膨大な費用を捻出するために、ますますコインの銀の含有量は低下し、紀元後二六〇年には銀の含有量は一五パーセントにまで落ち込んでしまった(44)。破滅的なインフレーションが引き起こされた。そして政治は混乱し、この五〇年の間に二六人もの皇帝が現れては消えていった。

こうした政治と経済の混乱の中、紀元後二四〇年から二七二年の間にゲルマン人の侵入があいつぎ、そのいくつかはイタリア奥深くに侵入するものであった。紀元後二六七年にはゴート族がエフェソス遺跡を襲いディアナの神殿を破壊した。こうした異民族の侵入とともに再びキプリニアヌスの疫病がローマを襲った(45)。

紀元後二四〇年から顕著となるローマの衰亡の背景にも、次に述べる気候変動が深くかかわっていたことが、死海の年縞の気候変動から明らかとなった。死海の湖面は紀元後二四〇年以降低下する。紀元後二四〇年から気候ははっきり悪化し、北緯三五度以南の地方では旱魃に見舞われるようになり、属州の農業生産は減少した。農業に生産の基本があり国家財政の九〇パーセントを農産物の収入から得ていたローマ帝国にとって、気候悪化による穀物生産量の減少は致命的であった。気候悪化による穀物生産量の減少、とりわけ中近東や北アフリカの属州の旱魃と疲弊は税金の減収となって国家財政を逼迫させることになった。こうした税金は、ゲルマン人の住む北方の守りにつく兵士たちの給料として金貨や銀貨で支給されるはずのものであった。皇帝はやむなくコインの銀の含有量を減らすことによって財政の危機を乗り切ろうとした。コインの銀の含有量は著しく低下し、結果的にローマの通貨の下落とインフレーションを引き起こしてしまった。これまでのようにローマ市民であることは何の利益にもならず、国境の守りにつく兵士たちの暮らしは窮乏し、ローマを守るローマ市民としての意識は喪失し、逃亡者が続出した。

さらに気候の悪化はゲルマン人たちの暮らすアルプス以北においては、気候の冷涼化となってゲルマン人たちの暮らしを直撃した。国境を守る兵士たちのローマへの忠誠心は失われ、気候冷涼化でゲルマン人たちが怒涛のようにローマ領内に侵入し、ローマは衰亡の坂道を転げ落ちていくのである。

九　紀元後二四〇年の気候悪化と民族大移動

古墳寒冷期の到来

紀元後二四〇年以降、再び激しい気候の悪化期がやってくる。中国では気象災害が激増し、尾瀬ヶ原の花粉分析の結果ではハイマツの花粉が急増して気候が冷涼化したことを示している。さらに、水月湖の年縞の分析結果も、著しい気候の冷涼化を示唆している（図21）。

この気候悪化によって、中国では匈奴、鳥丸、鮮卑、氐《てい》、羌《きょう》などの五胡と呼ばれる牧畜民が大挙して北方や西方から華北へ侵入した。その規模は、一千万人に達する規模であったと指摘されている。(46) そして中国は、五胡十六国時代と呼ばれる三〇〇年にわたる大動乱の時代へと突入していくのである。

この紀元後二四〇年以降の気候の冷涼化は、死海の年縞の分析結果にも明白に記録されていた。死海では青灰色の厚い粘土層と鉄分の沈着した粘土層の互層からなる年縞は、紀元後二四〇年の厚さ三センチ前後の砂層で突然中断する。砂層の堆積は紀元後二四〇年に死海の水位が急激に低下して、周辺が砂の堆積するビーチになったことを示している。そして紀元後二四〇年の砂層の上に堆積する年縞には、再び白色の石灰を含むようになる。これは明らかに紀元後二四〇年以降、死海周辺が乾燥気候に見舞われたことを示している。夏季の乾燥がはげしくなり、乾季に石灰のアラゴナイトが湖底に堆積を開始したのである。

すでに述べたように、ローマではキプリニアヌスの疫病が起こり、ローマ市内でも多数の死者が出た。この紀元後二四〇年以降の気候悪化によって、西ローマは衰亡していった。その西ローマ帝国の滅亡をもたらしたのは気候悪化によるゲルマン民族などの帝国への流入と、ローマの穀倉地帯であったアフリカ北部から地中海東部の大旱魃による農業生産の低下であった。

鈴木秀夫氏(41)は、危機の三世紀という佐藤彰一氏(47)の一文を引用し、五世紀に繰り広げられるゲルマン民族の大移動以上に、この三世紀の気候悪化が歴史的転換をもたらした意味を指摘している。三世紀の後半にはライン川右岸のローマ帝国の防衛線が突破され、ゲルマン人が南下し、その後にはスラブ人が侵入した。ゲルマン民族の大移動は、すでに三世紀後半にはじまっていたのである。その契機は紀元後二四〇年からはじまる気候悪化にあった。

滇王国はこの時代に完全に衰亡し、日本の弥生時代もまたこの紀元後二四〇年頃を境として大きく変化する。弥生時代が終わり古墳時代へと転換する時代は、紀元後二四〇年頃に置くのが妥当であろう。

すでに阪口豊氏(9)は尾瀬ヶ原の花粉分析の結果から、紀元後二四〇～七三二年までを古墳寒冷期と位置づけている。紀元後二四〇年をもって、弥生時代は終りをつげたと見るのが、環境史的に妥当であろう。阪口豊氏(9)はこの紀元後二四〇年を古墳寒冷期の開始期と命名した。中国大陸ではこの時代以降、気象災害が多発し、北方から匈奴・鮮卑などの異民族が乱入して五胡十六国時代と呼ばれる大動乱の時代へと突入していった。阪口豊氏(9)が世界で最初に発見した紀元後二四〇年に始まる気候悪化は、ローマ帝国をも衰亡させ、中国を大動乱の時代へとむかわせる世界史の大転換に重要な役割を果たした。

第三―四次稲作漁撈文明センター

この紀元後二四〇年以降の気候悪化によって、東アジアの肥沃な三角形地帯で再び大きな民族移動が引き起こされたことが、プンスナイ遺跡の発掘調査の結果明らかとなった。大陸における後漢の滅亡と五湖十六国時代の動乱を避けて多くの人々がメコン川を下って東南アジアへと到達し、そこで独自の「第三―四次稲作漁撈文明センター」を発展させた。

長江文明の崩壊によって、東アジアでは大民族移動があった可能性を指摘したが、こうした民族移動は、中国の王朝の交代のたびにその後も何回もあったと見なければならない。

これまで土井ヶ浜遺跡や弥生人の大陸渡来説を決定的にした韓国の礼安里遺跡の人骨は、いずれも弥生時代中期から古墳時代にかけてである。北九州においても稲作渡来期の弥生時代草創期の人骨の発見はまれである。これまでの弥生人骨による稲作の伝播や渡来説は、主として弥生時代中期以降の人骨の研究から明らかにされた点を忘れてはならない。朝鮮半島を経由した弥生人渡来北方説は、弥生時代中期以降の人骨の比較人類学的研究から持ち出された理論である。それらの人骨は、主としてこの紀元後二四〇年以降の気候悪化期の動乱期に日本列島にやってきた人骨の形質人類学的研究によって打ち立てられた仮説であると見なければならない。

すでに大陸では長江流域を含め春秋戦国時代に、北方系の長身長の人々が占拠し、弥生時代の中期にやってきた人々は、こうした人々の子孫であったと見なければならない。

しかし、松村博文氏[24]が明らかにしたように、歯の形質にだけタイの人々と類似した形質が残るのは、四二〇〇～四〇〇〇年前と三五〇〇～三二〇〇年前の気候悪化期に長江流域からやってきた古い形質を持った人々の遺伝的形質が、その後、朝鮮半島経由でやってきた北方系の人々との混血がすすんでも残存したと見なすことで、解釈できるのではないかと指摘した。頭骨の形や四肢骨の形質は、その後の大陸からやってきた人々との混血や環境への適応によって、中国大陸北方の人々と類似したものになっても、歯だけは古い記憶をとどめていたのではあるまいか。

土井ヶ浜の人骨が示す弥生時代中期は、二世紀後半〜三世紀の気候悪化によって後漢が滅亡し、それによって東アジア世界が大混乱に落ち入った時代である。倭国大乱は、まさにこうした気候悪化を契機とする東アジア世界の大混乱であった。日本列島の弥生型と呼ばれる形質人類学的な特色を持つ人々は、こうした東アジアの政治的・社会的大混乱期に日本列島にやってきた人々なのではあるまいか。そしてそれらの人々が、「第二―四次稲作漁撈文明センター」を形成したのである。

こうした大混乱によって引き起こされた民族移動の証拠が、私達がカンボジアで発掘調査しているプンスナイ遺跡からも明らかとなった。

カンボジアのプンスナイ遺跡には明らかに中国長江流域の人類学的形質を持った人々が暮らしていた。出土する土器もまた、長江流域の土器と類似した黒陶や赤く色を塗った土器が出土していた。

東南アジアに逃れた人々が、中国大陸からの難民であったことの証拠は、平尾良光氏[27]らによるプンスナイ遺跡から出土した青銅器の原材料の多くが中国江南産のものであったことからまず明白に裏付けられた。プンスナイ遺跡から出土する土器には、明らかに中国長江流域の黒陶土器に類似した土器が含まれていた。そして人々は抜歯の風習を持っていた。さらに驚くべきことに、女性の戦士が発見された。雲南省羊圃頭遺跡でも、大量の武器を埋葬した女王の墓と思われる発掘に立ち会うことができたが、このカンボジアのプンスナイ遺跡の青銅や鉄の武器を持った人骨も女性である可能性が高いと松下孝幸氏[19]は鑑定した。

十　環太平洋に共通した蛇信仰

三角縁神獣鏡の▲印は蛇だった

カンボジアのプンスナイ遺跡からは、太陽の文様をつけた注口土器（図31）が出土していた。その太陽の文様は、中国雲南省羊圃頭遺跡から出土した漆塗りの祭器土器や武器の柄に描かれた太陽文様とまったく同じであった。

そして、彼らが蛇信仰を持っていたことは、三角縁神獣鏡に示される▲印の文様を大切にしていたことから明白である。この▲印の文様は、台湾のパイワン族の百歩蛇の文様なのである。台湾のパイワン族も大陸から逃れてきた人々である。彼らが崇拝した百歩蛇のシンボルこそ、▲文様である（図32）。滇王国の銅鼓には、太陽のシンボルとしての◎印と▲印がついている（図33）。卑弥呼の鏡、三角縁神獣鏡の名前の起こりは、この▲印によって鏡の周辺が縁取られていることからそう名づけられた。この▲印をつけた青銅の鈴が、プンスナイ遺跡からも発見されたのである（図34）。

水牛の頭をつけた青銅製の鈴には▲印の文様がつき、同心円が鈴全体を覆っている。同心円は太陽を、▲印の文様は蛇をあらわすと見てよいであろう。

こうした同心円や一重の円の太陽紋は熊本県千金甲一号

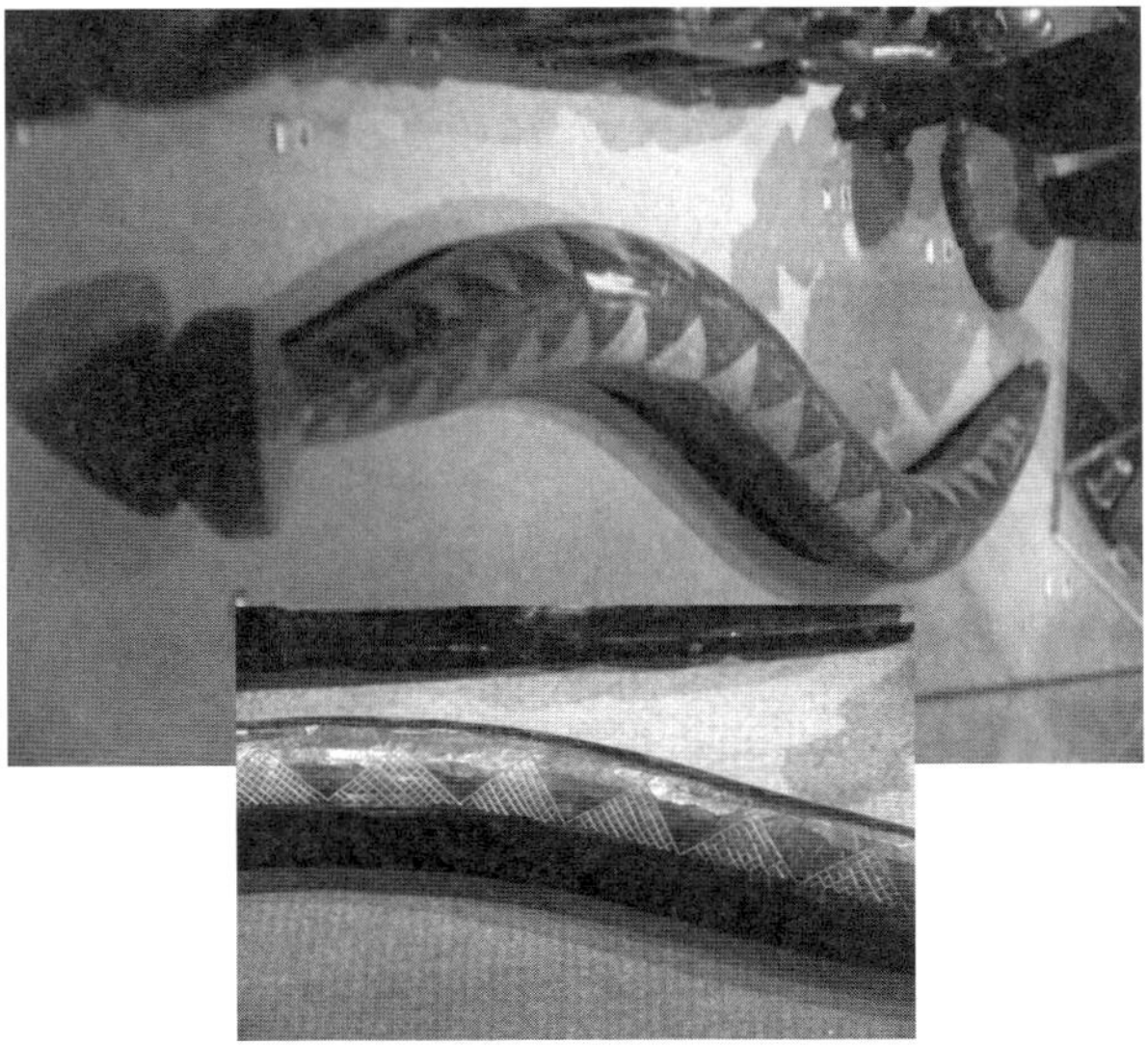

図32　台湾パイワン族の百歩蛇のシンボルは三角だった

図33　雲南省滇王国の李家山遺跡の銅鼓に彫金された太陽を現す同心円と蛇を現す三角の文様、それに水牛の文様はいたるところに彫像されている

（雲南省李家山遺跡出土　玉渓地区行政公署編『雲南省李家山青銅器』雲南人民出版社 ,1995）

図34　カンボジア・プンスナイ遺跡から発見された青銅の鈴（左上）とビーズ

青銅の鈴は、三角形の文様と同心円の文様で覆われていた。プンスナイ遺跡からは手前の数々のビーズも発見された。

墳や福岡県古畑古墳、そのほかに、福岡県久留米市浦山古墳、福岡県八女市丸山塚古墳、福岡県吉井町珍敷塚古墳、日ノ岡古墳、熊本県三角町小田良古墳、熊本県北部町釜尾古墳、熊本県玉名市永安寺東古墳、茨城県勝田市虎塚古墳、宮城県三本木町山畑一五号横穴石室、福島県泉崎村泉崎横穴石室のような装飾古墳に描かれている。▲印の文様は福岡県桂川町寿命王塚古墳、熊本県玉名市大坊古墳、永安寺東古墳、熊本県山鹿市チブサン古墳、茨城県勝田市虎塚古墳、福島県いわき市中田横穴石室（図35）にまで描かれており、[48]日本の古墳文化もまた南方の稲作漁撈民の文化的伝統を強く持った文化であったことをうかがわせる。▲印の文様が蛇のシンボルであるとはじめて指摘されたのは吉野裕子先生[29]であるが、群馬県上芝古墳では、▲印の文様をたすきにかけた埴輪が出土している。これは、クレタ島のミノア文明の蛇を体に巻きつける大地母神と同じであると私[49]は指摘した。

そして、プンスナイ遺跡の人々も抜歯の風習を持っていた。女性、太陽、蛇、牛、柱そして抜歯など、雲南省の滇王国の石寨山遺跡や李家山遺跡そして日本の弥生時代の邪

熊本県千金甲１号墳
（熊本県教育委員会提供）

福岡県古畑古墳（うきは市教育委員会蔵）

福島県中田横穴石室（いわき市教育委員会蔵）

図35　日本の装飾古墳に描かれた太陽を現す同心円紋と蛇を現す三角文様

馬台国ときわめてよく似た稲作漁撈文化が、この東南アジアのカンボジアのプンスナイ遺跡にも展開していたことが明らかとなった。これらの地域は、「第三次稲作漁撈文明センター」と呼ぶことができるものであった。

▲印の文様が蛇だったことは中南米のコロンビアで立証された

▲印の文様が蛇であることを確信したのは、中南米のコロンビアに行った時だった。世界遺産ティエラデンドロ遺跡（図36）にむかうため、ラプラタの町からパレヌ川をさかのぼって山越えをする。パレヌ川の両岸の急斜面の山肌は、牛の放牧で植生が破壊されたため草原化していた。パレヌ川流域の急斜面に牛が這いつくばって草を食っている。いたるところでがけ崩れが引き起こされている。明らかに森林破壊が原因である。

コロンビアは長らく内戦が続き、世界遺産ティエラデンドロ遺跡には外国人観光客の姿はまったくなかった。私は日本人ガイドの坪田充史氏の協力の下に、外国人がほとんど訪れていない

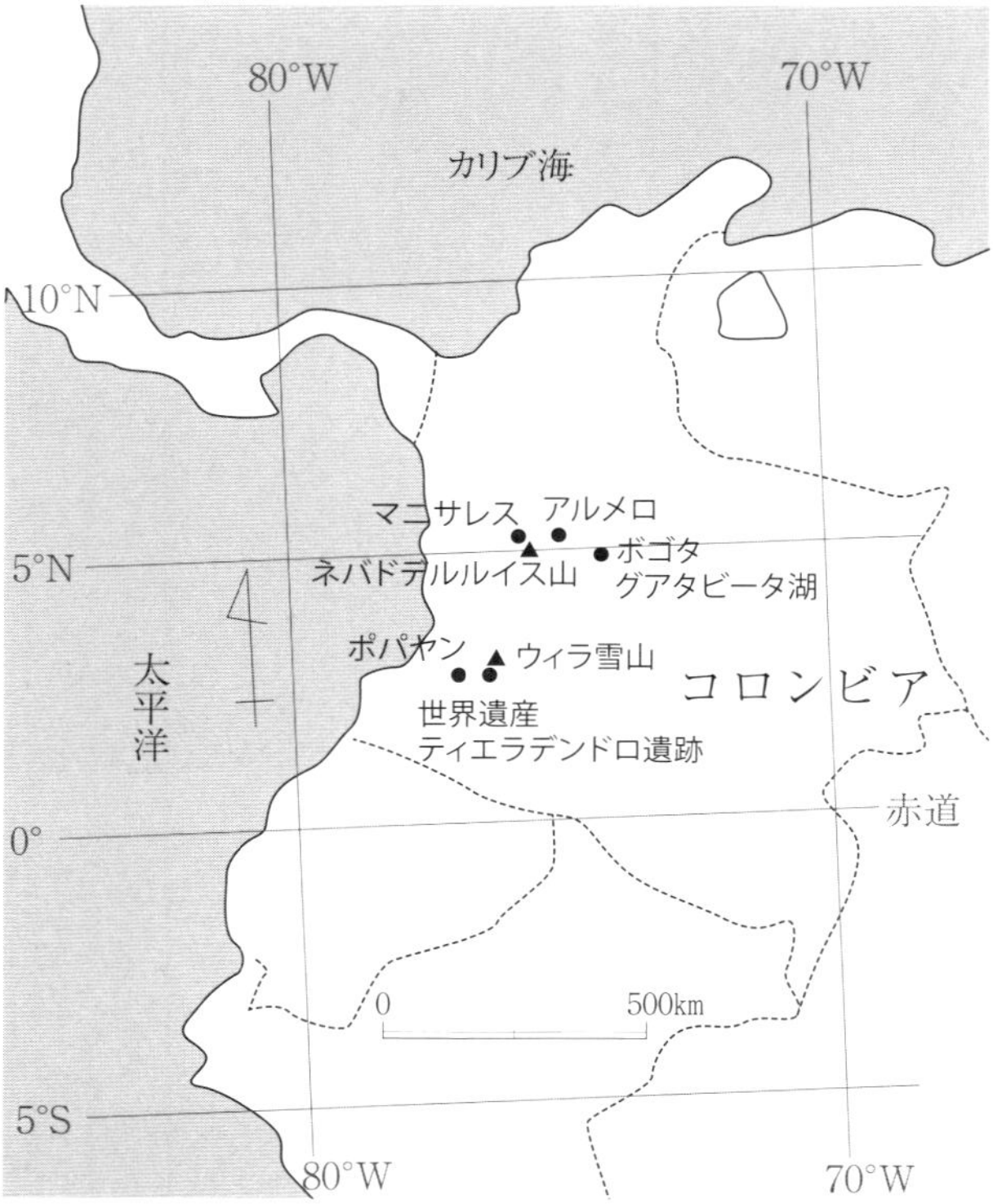

図36　南米コロンビアの世界遺産ティエラデンドロ遺跡とグアタビータ湖の位置

ティエラデンドロ遺跡を、二〇一二年二月に訪れることができた。一九九五年に世界遺産に登録されたのに、一日数人の入場者しかいない。ホテルも一時つぶれた。それを二〇〇九年にリニューアルオープンしたが、客はこない。とくにゲリラの風評被害が大きいと言う。世界遺産に登録されてもっとも注目されていない遺跡であろう。これほど観光客が少ない世界遺産もめずらしい。

中南米のコロンビアの生態系は

五〇〇〇メートル以上　　NEIADと言ってウイラ雪山のある高山雪原、
五〇〇〇〜三〇〇〇メートル　　PAPAMと言って森林限界の草原、
三〇〇〇〜二〇〇〇メートル　　ANDIAと言って雲霧林で森があり水蒸気を蒸発、
二〇〇〇〜一〇〇〇メートル　　TROPICALと言って集落や都市、
一〇〇〇〜一〇メートル　　SELVAと言って熱帯地域、
〇メートル　　COSTAと呼ばれる海岸

に区分される。

ティエラデンドロ遺跡

ティエラデンドロ遺跡の年代は、紀元前二〇〇〜紀元後五〇〇年の遺跡である。

世界遺産センターは谷底にあり（図37）、世界遺産に指定されたティエラデンドロ遺跡を見学するためには、山の中腹まで登らなければならない。世界遺産センターのあるところと、このティエラデンドロ遺跡の墓地のある山頂は約七〇〇メートルの落差がある。谷底からはグリージョ山は見えないが、このティエラデンドロ遺跡の墓地のあるところまで登ると、富士山と同じ▲山のコニーデ型のグリージョ山が見える。きっとこの山を崇拝するために、こんな高台に墓地を造ったに違いない。世界遺産ティエラデンドロ遺跡（図37）は、峰を人工的に平らにして、そこからさらに地下五メートル前後に穴を掘り地下式墓を作った。地下式墓は太陽の登る東を向いている。この地下式墓に埋葬された人々も太陽を崇拝したのだ。

地下式墓は地下五メートル前後まで縦穴を掘り、さらに横穴を掘って家の形を掘り、そこに骨壺をおく特色ある埋葬形式をとっている。まず遺体を埋葬し、しばらくおいて洗骨しその骨壺に骨を納める。骨を赤く塗る場合もある。骨壺にはくだんの蛇やムカデやヤモリが描かれてた。骨壺の一つに▲印が描かれていた。よく見るとそれはとぐろを巻いた蛇であることがわかった（図38）。▲印の中央に蛇の頭が描かれていたのである。今回のティエラデントロ遺跡の骨壺の▲印の造形から、▲印が明らかに蛇であることが立証された。

石室の家の壁には漆喰がぬられ、白色の石灰の漆喰の上に黒・赤・黄色で▲印を基本にした絵が

図37　コロンビアの世界遺産ティエラデンドロ遺跡
遺跡は尾根の上にあり、世界遺産センターは谷底にある。

描かれている（図39）。白は誕生、赤は血と生命、黒は死を意味すると言う。

漆喰の上には、▲印の二重の菱形を三重にした模様が基本で描かれている。ここでも▲印を二つくっつけた菱形が描かれている。さらに▲印を三つ並べて描く模様もある（図39左下）。

▲印がヘビのシンボルであることは骨壺に描かれた図から確実となったが、その模様が地下の墓の壁一面に、しかも三を基本として描かれている。すでに述べたように[2]、三は稲作漁撈民にとっても聖数であった。このティエラデンドロの山岳民族にとっても聖なる数であった。現在のナサ（NASA）族をはじめインディヘナの人々にとっても、三が重要な聖数であると言う。

そしてこのティエラデンドロ遺跡の年代は、福島県いわき市の紀元後六〇〇～九〇〇年に描かれたという中田横穴石室（図35）に描かれた▲印とほぼ同じ時代であることが興味深い。環太平洋のモンゴロイドの人々は、山を崇拝し、それは蛇がとぐろを巻いたものだという考えを持っていたという吉野裕子先生[29]の説は正しかった。

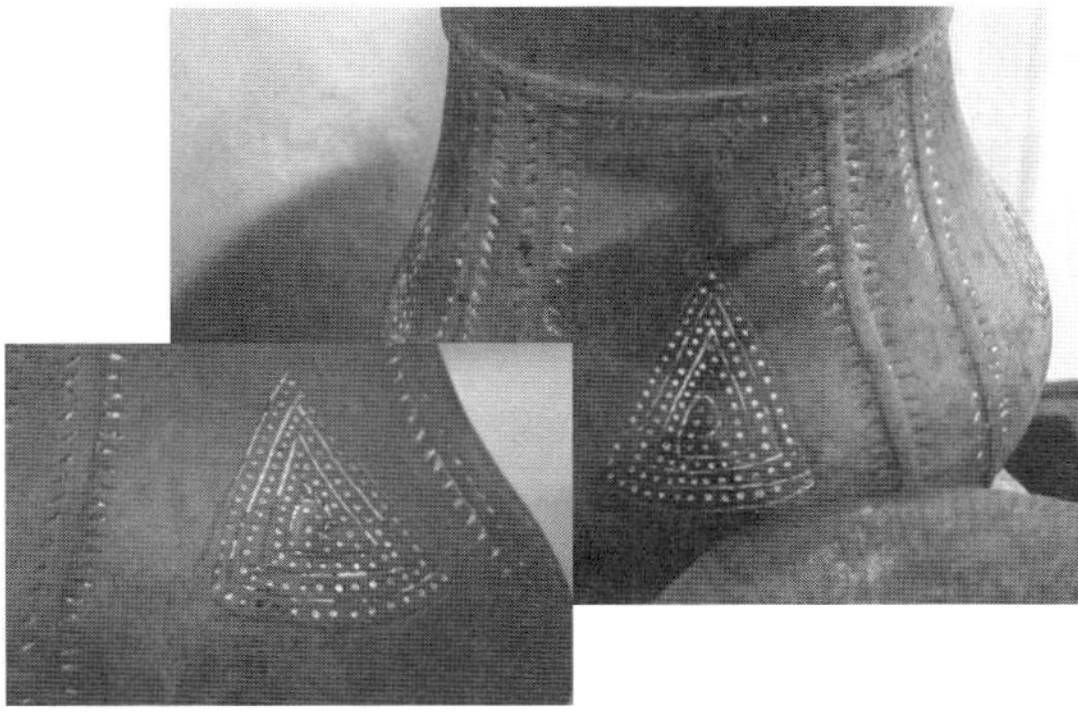

図38　ティエラデンドロ遺跡の骨壺に描かれた▲印はとぐろを巻いた蛇だった

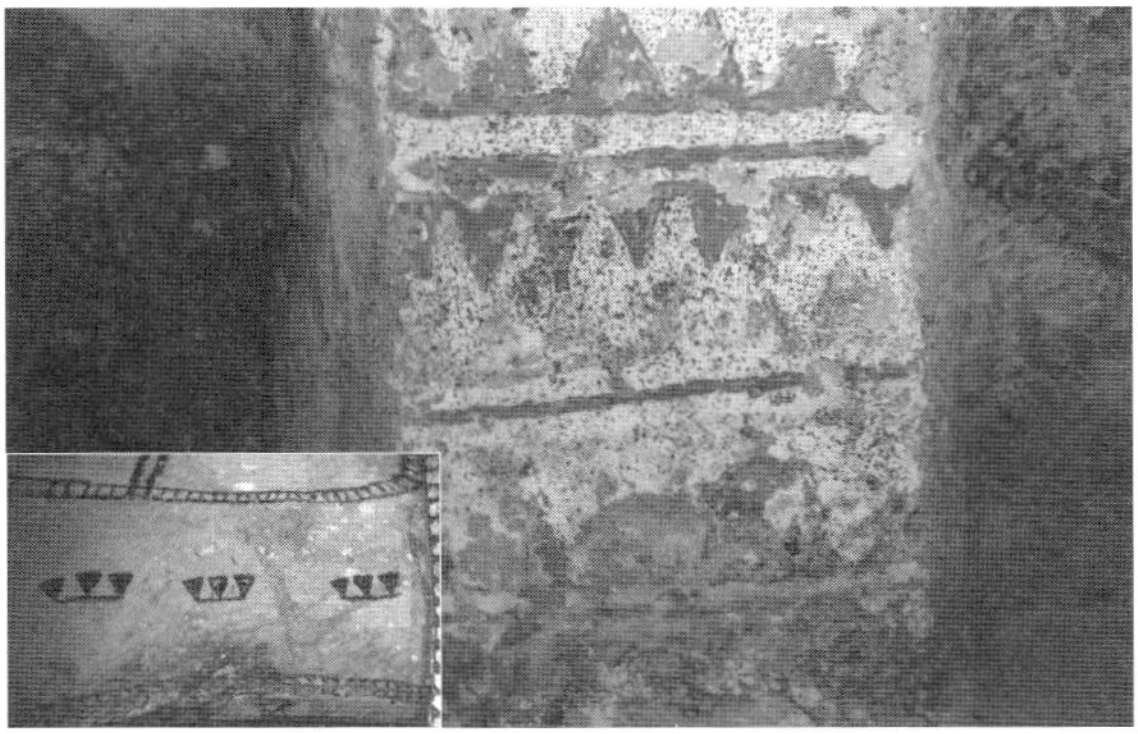

図39　ティエラデンドロ遺跡の地下式墓には▲印がしかも3を基本として描かれていた

ウイラ雪山の大崩壊とナサ（NASA）族

一九九四年六月六日にウイラ雪山でM. 六・七の地震により発生した土砂流がパレヌ川をくだって、一五〇〇人もの人が死亡した。その痕跡が川底に残る。二〇〇七年四月一八日には、今度はウイラ雪山が噴火して土砂流を引き起こしたため、ウイラ雪山に行く道は途絶している。しかし、そのウイラ雪山の噴火による土砂流の死亡者は四人だった。それは、一九九四年の土砂流の教訓で家を高台に移したためである。ウイラ雪山が見える小高い山の頂上に登った時、高台に避難して建設された新しいナサ族の集落と、さらに高い所に建設された避難小屋が見えた。ナサ族はいまも蛇と水を崇拝している。蛇を崇拝したティエラデンドロの地下式墓は、ナサ族の先祖のものであろう。

山の頂上付近までナサ族の村が存在する。スペイン人の入植者が一六〇〇年代に建てた教会もある。教会の付近は比較的裕福だが、ナサ族がコーヒーやバナナ、トウモロコシ、サトウキビ、イモ類などを作って生活している山頂付近の家は貧しい（図40）。

図40　山頂の急傾斜地にはいつくばって暮らすコロンビアのナサ族の貧しい家々

ナサ族のリーダーと会話した。ナサ族の居住保護区としてあてがわれたのは四〇〇〇ヘクタールの山地で、利用できるのはそのうち一〇〇〇ヘクタールだった。これでは三三六七人の保護区の人々が暮らせない。年々四〇〜五〇人の人口増加がある。支援をしてほしいとたのまれた。医療も十分でないと言う。リーダーの代行は小人だった。ナサ族は一般に身長一五〇センチ以下の小人が多いと言う。

ナサ族のリーダーはいつも杖をにぎりしめていたのが印象的だった、その杖がリーダーのシンボルだという。ホアンタマ湖という湖でその杖を洗う儀礼をするそうだ。

女性中心の社会の伝統

環太平洋には山を崇拝し、玉を崇拝し、鳥を崇拝し、柱を崇拝し、蛇を崇拝し、天地の結合に豊穣を祈る共通の世界観が存在することが明らかになった。二〇一五年三月一三日、コロンビアの首都ボゴタ近郊のグアタビータ湖のボーリング調査を実施した時、最後の決定的な共通点が明らかになった。それは女性の力が強い女の国だったということである。

コロンビアのグアタビータ湖はスペイン人が侵略する前のムイスカ文明の聖地であり、ムイスカ文明の王が即位する儀礼を行なった所であることは、拙著[50]で述べた。

王になる人は六~九歳頃の子どもの中から選ばれ、九歳から一八歳ころまで洞窟で特別な教育を受ける。その妃になる女の子も同時に選ばれ教育される。王の即位の日、村人総出で湖岸に集まり人々は湖を背にして立つ。湖に漕ぎ出す筏には医師・シャーマン、そして即位する王など四人の人が乗る。現在のグアタビータ湖の展望台の付近から王を乗せた筏は、湖の中央に向かって北から南へと船出する。展望台の近くには大きな石があり、人々はそこで儀礼を行なった。七つの土器には金製品やエメラルドそして食べ物などを入れて、湖の中央に到着するまでに一つ一つを湖底に沈めていった。それは湖の女神にささげるささげものだった。

そして湖の中央までに筏が到着した時、朝日が王の体に当たると金粉を塗った王の体は金色に光りかがやき、これまで鳴っていた音楽が止むと、沈黙の静けさの中で王は静かに湖に入り金粉をながして生まれ変わる。そして湖を背景にして湖岸に立っていた村人は、いっせいに食べ物や金製品そしてエメラルドなどを背中越しに湖に

図41　コロンビア・グアタビータ湖で熱く語るムイスカ族の末裔

投げ込んだ。それがお祭りのはじまりだった。

この伝統を聞いたスペイン人は、ダイナマイトで湖岸を爆破して、グアタビータ湖の水位を下げ、金製品やエメラルドを獲ろうとした。湖の水位はスペイン人がダイナマイトで水位を下げる前まではほぼ山頂近くまであり、水位は現在より二〇メートルは上方にあった。おそらく水深五〇メートルはあったであろう。この湖は火口湖でもなく隕石の衝突でもなく塩の層が溶けて、上の部分が陥没したものである可能性が高くなった。今回私たちはそのグアタビータ湖にボーリングを実施して年縞堆積物を採取することに成功したが、ムイスカ族の末裔の人から話を聞くこともできた（図41）。

その話で驚いたのは、ムイスカ文明の社会は女性中心の社会で、もっとも権力を持っているのは「おばあさんによる老人の議会」であったということである。それは、長江文明やクメール文明、そして日本の稲作漁撈民とたいへんよく似ている女性中心の社会だった。

財産はすべて女子が受け継ぎ、女子のない家族の財産は親戚の姪などが受け継ぐ。したがって男子は結婚の時は無一文である。男は結婚したい女子の母親から土地を借りて耕し、女子の母親の許しが出たら結婚するということであった。

カンボジアでも結婚する時は、男子がまず女子の家族と同居する妻問婚の制度が今も残っている。日本は平安時代まで妻問婚だった。ミャオ族やモソ族など中国の少数民族の稲作漁撈民も、おばあさんが一家の大黒柱で、女性中心の社会を維持していた。その女性中心の社会的伝統を、太平洋の向こう側のコロンビアのムイスカ文明

図42　コロンビアのムイスカ文明の人々が知識を与えてくれる木として崇拝したガジャカンの木

ミルクを飲まない植物文明を代表する木だった。

の人々も持っていたのである。

このように環太平洋には共通した世界観のもと、女性が大きな力を持っているという文明の伝統が、スペイン人やアングロサクソン人がやってくる前には存在したのである。

ムイスカ文明の人々が知識を与えてくれる木として崇拝したのは、ガジャカンの木（図42）だった。ガジャカンの木は集落の入り口にはかならず植えられた。ムイスカの人々は女性中心の社会を維持し、植物に対する知識を持ち、ミルクを飲まない植物文明の人だった。

それを聞いたヒツジやヤギを飼いミルクを飲む動物文明のスペイン人は、そのガジャカンの木を直ちに伐採した。このためムイスカの人々は生きる知恵を失ったという。

こうして、北米や中南米にあった環太平洋に共通した世界観と女性中心の社会の伝統は失われていったのである。

環太平洋の災害と文明

なぜ環太平洋には、植物文明の伝統とも言うべき共通した世界観や社会システムが存在したのであろうか。私はそこに環太平洋のもつ風土的特色があるように思う。

我々の暮らす環太平洋造山帯は、地震・津波・火山・洪水など多くの巨大災害の巣窟である。なぜ環太平洋造山帯に巨大災害が多発するのか。それは環太平洋をとりまく造山帯が地殻変動によって山ができる地震の巣窟であるとともに、太平洋という広大な海原が気候変動を大きく左右しているからである。

南半球の東太平洋側にリマン海流と言う寒流が海底から湧昇する時、南アメリカの太平洋岸はラニーニャに見舞われ旱魃が起きる。逆に冷たい寒流の湧昇が弱い時には、東太平洋の表面水温は上昇し、エルニーニョに見舞われ大洪水が起きる。一方、西太平洋の表面水温が上昇すると、日本列島は二〇一四～二〇一五年の春先のような豪雪に見舞われる。

三・一一東日本大震災の巨大津波で、二万人近い方がお亡くなりになってもう四年以上がたった。こうした大災害は環太平洋地域で繰り返されてきた。

一九八五年一一月一三日の深夜、突然巨大な土砂流が南米コロンビアの街アルメロを襲った。ラグニージャ川の上流にあるネバドデルルイス火山が噴火した。熱い火山噴出物は氷河をとかし山体崩壊を引き起こした。それは途中のラグニージャ川の川床に堆積した土砂をまきこみ、大土石流となってアルメロの街を襲った。ラグニージャ川は扇頂部で西に向きを変えていたが、大量の土石流はその流路を突き破り、まっすぐに扇央部に立地するアルメロの街を直撃した。時刻は深夜、熟睡した二万五〇〇〇人もの人々があっという間に大土石流の下敷きになった（図43）。

ネバドデルルイス山が噴火し、アルメロの街を大土石流が襲ったのはこれが最初ではなかった。一五九五年三月一二日には六〇〇人の死者が、一八四五年二月一九日には一〇〇〇人の死者を出す大惨事が引き起こされていた。ところがその過去の教訓はまったく生かされることなく、一八四五年に廃墟と化したアルメロの街の上に新たな街がつくられたのである。こうして悲劇は三度繰り返されることになった。人々の涙を誘ったのは、下半身

図43　コロンビア・アルメロの街

ネバドデルルイス火山の噴火で起きた土砂流で一瞬にして2万5000人もの人々が生き埋めになった。聖ロレンツォ教会の塔の先端部分のみが残る。

が土石流に埋まった少女を重機がないために助けることができず、三日後に少女が死亡したことだった。

火山噴火の巨大災害としては、一八一五年に起きたタンボラ火山の噴火がある。この時は九万二〇〇〇人の死者が出た。さらに一八八三年のクラカトア火山の噴火では三万六〇〇〇人の死者が出ている。いずれもインドネシアの火山であり、そうした火山噴火による巨大災害は環太平洋地域に集中している。

富士山もまた環太平洋造山帯の風土を代表する火山である。静岡県はこうした富士山の噴火や東南海地震にそなえて万全の防災対策がとれるよう、日夜努力を積み重ねている。その象徴が三・一一の東日本大震災の時に全国の知事の中で真っ先に東北の支援に駆け付けたのが、静岡県の川勝平太知事であったことに象徴されている。二〇一四年二月一四日の豪雪に対しても静岡県は災害対策本部速報をこまめに出し、敏速な対応を行なっている。日ごろからの防災訓練が有事の時に発揮されるのである。巨大災害に見舞われる確率が高い地域ほど、人々は災害に対して敏感になる。東京が直下型地震に見舞われた時、静岡県はその避難地として、これからも大きな役割を果たすだろう。静岡県は「ふじのくに地球環境史ミュージアム」を設立し、過去の教訓を現在から未来への防災対策に役立てることも決定した。日ごろからの県民の防災意識の高揚こそが、何よりも重要な防災対策になるのである。

首都直下型地震と東南海地震と津波に見舞われる恐怖の中に生きる我々日本人は、自然災害の恐怖とダメージを文明発展の中に取り込むことによって、新たな時代を創造していかなければならない。それは環太平洋造山帯に生きる人間の宿命なのである。災害と共存するなかで、自然を畏敬し自然を崇拝する文明の伝統の重要性をもう一度再認識しなければならないのである。

環太平洋文明圏

[51]私は二〇〇二年に環太平洋文明圏を設定した。それはミルクを利用しない文明である。[52]だがはたしてブラジ

ルのアマゾン川流域を、その環太平洋文明圏の中に入れるべきかどうかが、私にとっての長年の課題であった。二〇一二年に訪れたコロンビアの先史時代の遺物とペルーの先史時代の遺物は類似しており、相互に交流があったことは確実である。しかし、アマゾン川流域の先史時代の文明を、環太平洋文明と呼べるかどうか。アマゾン川流域の熱帯雨林の森の文明が、アンデス文明のルーツになっているという仮説もあった。しかし、確たる証拠はなかった。

二〇一三年、移転修復中のサンパウロ大学考古学博物館の収蔵庫に眠るアマゾン川下流域の先史時代の出土遺物を見て、環太平洋文明圏の東の範囲に確信を持つことができた。アマゾン川下流域の先史時代の遺跡から出土した遺物は、コロンビアのそれときわめてよく似ていた。とくに遺体を埋葬する甕棺に造形された蛇の姿は、コロンビアのそれとまったく同じだった。明らかに蛇であると認識できる姿で造形され、なかにはコロンビアと同じく三角形や四角形で蛇のとぐろを表わしたものもあった。ここでも蛇は冥界を支配する王者であった。日本の考古学者がS字文と呼ぶものが、長江文明では二匹の蛇を造形したものであることを(3)私ははじめて指摘したが、やはりここでもS字文は蛇だった。

さらに日本の縄文土器ではないかと見間違うほどの土器が出土していた。蛇の造形感覚は日本の縄文土器とまったく同じだった。さらに耳飾りに使用した穴状耳飾りも大量に出土していた。コロンビアやベネズエラから出土する先史時代の土器が、あまりに縄文土器と類似していることから、縄文人が太平洋を渡ったのではないかという仮説まで出されたほどである。その縄文土器と類似した土器はアマゾン川の下流域にもあった。とてもこんなところまで縄文人は来れないだろう。しかもその土器の年代は、アマゾン川の下流域が古く、上流域にいくにつれ新しくなると言う。

こうした事実から、縄文人がやってきたのではなく、一万五〇〇〇年前以降、環太平洋に拡散したモンゴロイドが、熱帯・亜熱帯や温帯の森の中で、森の風土を体感する中で考え出した共通の造形感覚であったと見なすほうが妥当であろう。その森の風土に裏打ちされた共通の造形感覚によって特色づけられる範囲を、環太平洋文明圏と呼ぶことができるのではあるまいか。

鳥居龍蔵博士

私は広島大学で長い間助手といううめぐまれない境遇にあった。その時、生きる目標に置いた人が、今西錦司博士と鳥居龍蔵博士だった。二人とも学閥やポストの恩恵に浴さなかったが、自分の探究したい学問をやり遂げた人である。そのうちのお一人鳥居龍蔵博士が最後に取り組んだ学術調査も、この南米のサンパウロの海岸平野にある先史時代の巨大な貝塚遺跡（図44）の調査だった。ブラジルの貝塚の形成年代は七〇〇〇年以上前からはじまる。すでに一〇〇以上の巨大な貝塚遺跡が発見されている。なかには直径数十メートル、高さが二〇メートルに達するものもある。おそらく遠く離れた南米の先史時代の遺物が、日本の縄文時代の遺物とたいへんよく似ていることに鳥居博士も興味を持たれたのであろう。それは森の文明の造形感覚が生み出したものだったのではあるまいか。[53]

環太平洋にはかつて森の多い風土の中で、森とともに暮らす人々が生み出した環太平洋文明があった。それは森を破壊し食いつぶすメソ

図44　サンパウロ郊外の海岸にも巨大な貝塚が形成されていた

ポタミア文明や黄河文明などとは、まったく異質の森の生命文明だったのである。

十一　東アジアの肥沃な女の大三角形地帯

女の大三角形

東アジアの雲南省滇王国とカンボジアのプンスナイ遺跡、そして日本の邪馬台国。この三つの王国はともに女性中心の王国であり、文字よりも言霊を重視して抜歯の風習を持ち、太陽を崇拝し、蛇を崇拝し、青銅器を主要な金属器として持ち、玉を崇拝し山を崇拝し、おそらく長江文明と同じく柱や鳥も崇拝をする稲作漁撈民の文明であった。そうした稲作漁撈民の文明が、紀元前三世紀から紀元後三世紀の間に漢民族の周辺で繁栄していたのである。

それは稲作を生業として、これに漁撈をともなう稲作漁撈文明であった。

私はこの雲南省滇王国とカンボジアのプンスナイ遺跡そして日本の邪馬台国をつなぐ東アジアの三角形の範囲を、「東アジアの肥沃な大三角形地帯」（図45）と呼ぶことにする。人々は米を食べ魚を食べただけではなく、この「東アジアの肥沃な大三角形地帯」の人々は、もちや納豆などのねばねばした食品が大好物で、なれずしや魚醤、コンニャク、麹で発酵させる発酵食品を食べた。なによりもミルクの香りがしない文明であった。こうした特有の食べ物は照葉樹林という特有の生態系に分布しており、これらは照葉樹林文化の重要な要素であると見なされている[54]。そうした食べ物に注目して、中尾佐助氏[28]は「納豆の大三角形」を提示した。その「納豆の大三角形」のなかには、ナレズシやコンニャクそして麹酒さらには醤油の分布圏が含まれる。もちろん雲南省滇王国とカンボジアのプンスナイ遺跡そして日本の邪馬台国もこの中に含まれる。中尾佐助氏ら[28]が提示した雲南省に中心を置く東亜半月弧は、長江中・下流域からより古い稲作の証拠が発見されたことにより、今、再検討されなければならないが、長江中・下流域の照葉樹林文化の中で生まれたこの照葉樹林文化のライフスタイルは、稲作の伝播とと

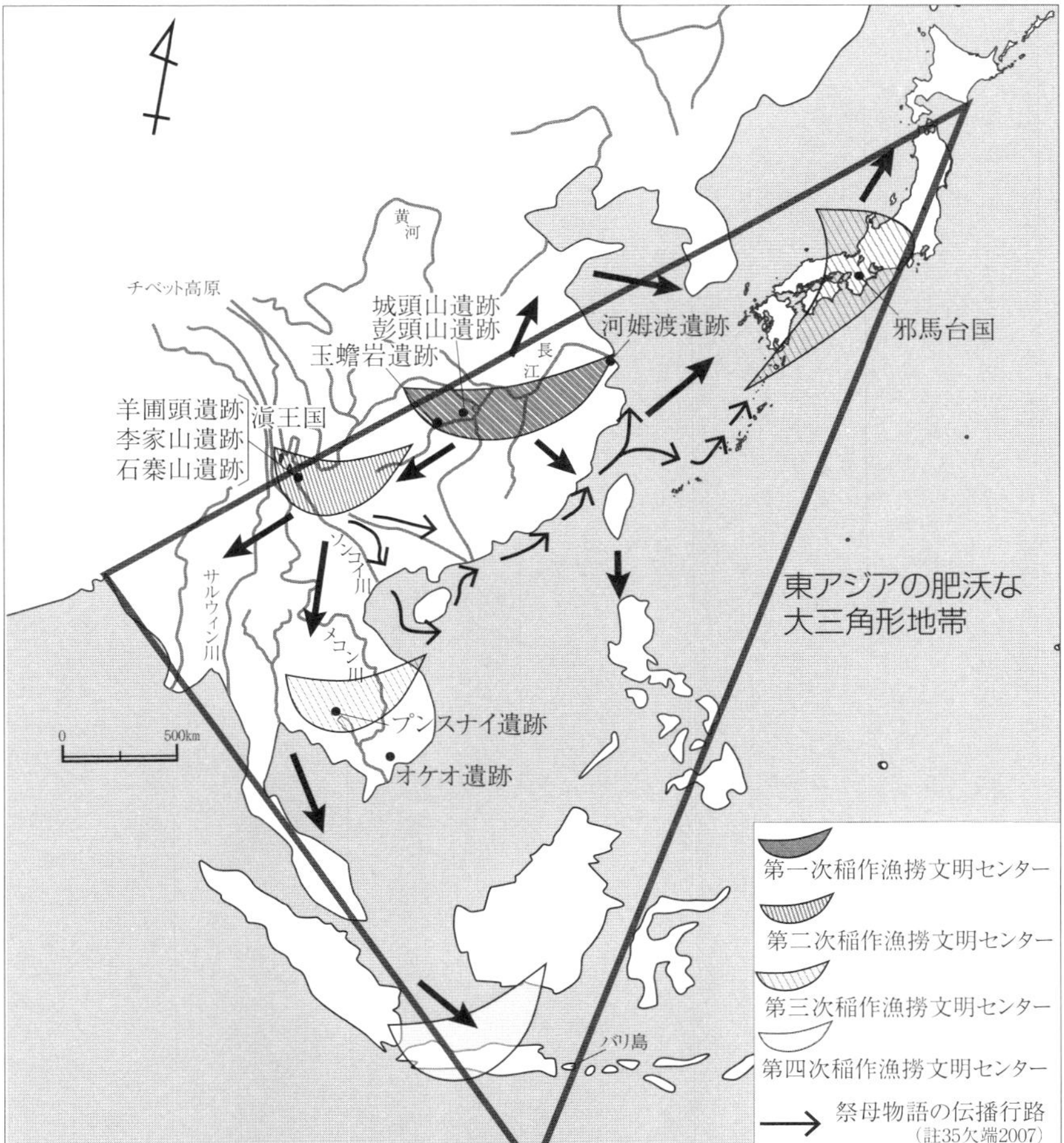

図 45　東アジアの肥沃な大三角形地帯

もに、「東アジアの肥沃な大三角形地帯」に伝播拡散したと見ることができる。この「納豆の大三角形」は、プンスナイ遺跡の発見によってその存在が歴史的にも実証されたことになった。

「東アジアの肥沃な大三角形地帯」は稲作漁撈文明が発展したところであり、女性ががんばっている社会であり、主食は米と粟などの雑穀、人々は船で移動し、高床式の住居に暮らし、主たるタンパク質は魚介類から取り、ねばねばしたもちが大好きで、納豆や醤油さらにはナレズシなどの発酵食品を数多く生み出し、お茶を飲みコンニャクを食べ、漆製品や竹細工を作り、蚕を飼って絹を生産し、麻を栽培し、鵜飼をして魚をとり、若者は歌垣をして恋を語り、老人は山を崇拝する・・などの特有のライフスタイルを持つ人々が暮らしていた。そうしたライフスタイルは、照葉樹林という特有の生態系の下に暮らす人々が生み出したライフスタイルであり、それらが稲作の伝播とともに「東アジアの肥沃な大三角形地帯」に広まったのである。それはまた川勝平太氏[55]の「豊穣の半月弧」にも匹敵するものである。

その「東アジアの肥沃な大三角形地帯」における稲作漁撈文明の出発は、長江中・下流域の「第一次稲作漁撈文明センター」であった。そこでは一万年以上も前から稲作がはじまっていた。六〇〇〇年前には長江文明が発展した。しかし四二〇〇年前の気候変動によって北方から畑作牧畜民が進入し、長江文明は衰亡した。長江流域の人々は雲南省や貴州省に逃れ、そこで棚田を造成して新たな新天地を開拓し、「第二次稲作漁撈文明センター」を構築した。水田の様式で言えば「第一次稲作漁撈文明センター」の稲作は、「火耕水耨《かこうすいとう》」と呼ばれる焼畑や陸稲の形式で栽培されていたものや沖積平野の低地の水田稲作がこれに含まれる。これに対し「第二次稲作漁撈文明センター」の稲作を特色付けるのは、急傾斜の斜面に天にとどくまで耕された棚田である。

しかし、三五〇〇年前から始まる気候悪化によって再び黄河流域の人々が南下するにともない、畑作牧畜民の侵入によって故郷を追われた人々は、さらに南の東南アジアへメコン川やソンコイ川を下って移動し、長江下流域や海岸部に暮らしていた人々は、ボート・ピープルとなって日本列島へと逃れ、そこで新たな一歩をふみ出し「第三次稲作漁撈文明センター」を構築した。

カンボジアのトンレサップ湖畔に稲作漁撈民が出現したのはこの頃のことであろう。また日本列島では弥生文化への第一歩が踏み出された。気候は三五〇〇年前から紀元前二五〇年頃までは冷涼であった。この約一〇〇〇年間の冷涼期は、稲作に立脚した生産活動が日本列島や東南アジアで安定的に発展するまでの長い助走期間であった。

旧世界秩序文明から新世界秩序文明へ

中国大陸においても助走期間が存在した。それは春秋戦国時代の大動乱である。それは長江文明や黄河文明などの「旧世界秩序文明」が崩壊し、新たに秦・漢帝国の「新世界秩序文明」が出現するまでの助走期間であったと見ることができる。(18) 地中海世界においても、ローマが地中海世界を征服するまでの助走期間が、紀元前一〇〇〇〜紀元前二五〇年頃の間であったと見ることができる。マヤ文明もまた先古典期中期と呼ばれる紀元前一〇〇〇〜紀元前二五〇年の長い時代は、その後の先古典期後期の大発展をむかえる前の助走期間であった。マヤ文明も先古典期後期（紀元前二五〇〜紀元後二五〇年）に大発展期をむかえる。マヤ文明の巨大なピラミッドの骨格の大半はこの先古典期後期に作られたと言われている。

日本列島の稲作は紀元前一〇〇〇年頃伝播するが、本格的な弥生時代が開始するのは紀元前元前二五〇年頃である。紀元前一〇〇〇〜紀元前二五〇年頃の間は、弥生文化の形成期と位置づけることができるものであり、世界の諸文明と同じく「新世界秩序文明」が発展期に入るまでの長い助走期間が必要だった。(18)

こうした長い助走期間を脱し「新世界秩序文明」としての漢民族の文明、ローマ文明、マヤ文明さらには弥生時代の文明が発展期に入る契機は、紀元前二五〇年頃から顕著となる気候温暖化だった。漢もローマもマヤも弥生もこの紀元前二五〇年頃にはじまる地球温暖化のなかで、繁栄の足がかりをつかんだと言えるだろう。ローマ文明が発展期に入り、地中海世界を制覇していくのも紀元前二五〇年以降の気候温暖化、ローマン海進と呼ばれる温暖期である。とりわけローマの穀倉地帯となった北アフリカや東地中海が湿潤気候に恵まれたことが農業国ローマの繁栄の基盤をもたらした。東アジアでは春秋戦国時代が終り、漢民族の帝国が発展をしたのもこの温暖期に相当する。

そしてその漢帝国の周辺で、この温暖期に発展したのが日本の弥生時代の文明であり、雲南省の滇王国の文明であった。それらは稲作漁撈民の文明であり、畑作牧畜民の漢民族の文明とは異質の性格を持ったものであった。その一つが抜歯の風習に見られ、女王のいる母権制社会、女の国だったことである。

紀元前二五〇〜紀元後二四〇年の間の温暖期が、こうした三五〇〇年前の気候変動を契機として新たに出現した「新世界秩序文明」が、もっとも繁栄した時代であった。ローマ文明も、マヤの先古典期後期の文明、そして漢民族の漢帝国も、さらにはその周辺の滇王国や日本の弥生文化も、発展したのはこの時代である。こうした漢帝国周辺の滇王国や日本の弥生文化が発展した時代は「第三次稲作漁撈文明センター」が発展した時代である。

古墳寒冷期の到来とともに新しい展開

しかし、気候は紀元後二四〇年頃より悪化する。この紀元後二四〇年以降の気候悪化によって「東アジアの肥沃な大三角形地帯」が再び大動乱に見舞われた。

紀元後二四〇年の気候悪化によって、ユーラシア大陸では大民族移動が引き起こされた。西方の地中海世界ではゲルマン民族が大移動を開始し、ローマ文明が衰亡の坂道を下り落ちていった。一方、東方の東アジアでは北方や西方から五胡と呼ばれる異民族が流入し、五胡十六国時代の大動乱の時代に突入した。この大動乱の時代に再び中国大陸から東南アジアへ、さらには朝鮮半島を経由して日本列島へむかう民族の大移動が引き起こされた。この気候悪化と民族移動によって雲南省滇王国は衰亡し、日本の弥生時代は終焉し、あらたな古墳時代へと大きな転換が見られた。カンボジアのプンスナイ遺跡でも、紀元後二四〇年頃にはじまる気候悪化によって中国大陸の文化や民族の移動の影響を再び強く受けた。

この阪口豊氏(9)によって古墳寒冷期と呼ばれた紀元後二四〇年以降の気候の悪化をもって、ローマ文明もマヤの先古典期後期の文明も、そして漢帝国とその周辺に華開いた滇王国・日本の弥生文化も終焉の時をむかえるのである。

紀元二四〇年以降の気候悪化の中、西方の地中海世界ではローマ帝国が衰亡し、中国大陸では五胡十六国時代の大動乱の時代をむかえ、大民族移動が引き起こされた。そうした中、再びメコン川を下って東南アジアに逃れた人々はカンボジアのトンレサップ湖畔に発展していたプンスナイ遺跡にも集結した。すでに述べたように、その都市の起源は紀元前にまでさかのぼることは確実であるが、おそらく紀元二四〇年以降にもこうした中国大陸の動乱を避けてメコン川を下ってきた難民が流入したことであろう。プンスナイ遺跡には抜歯の風習を持つ中国大陸から南下してきた人々が、土着のカンボジアの人々とともに暮らし、そこでは中国江南の文化の濃厚な色彩を持った女性中心の王国が継続して発展していた。

カンボジアの文明は、アンコールワットやアンコールトムに代表されるインド文明の影響を強く受けた文明のみが強調されているが、それをはるか一〇〇〇年もさかのぼる以前から、中国の稲作漁撈文明の影響を強く受けた文明が花開いていたのである。

こうした紀元後二四〇年以降に稲作漁撈文明が発展したバリ島を中心とする地域を、「第四次稲作漁撈文明センター」と呼ぶことにする。

十二　欲望の暴走と気候変動

欲望をコントロールする文明システム

ローマ市民（図46）も漢民族も畑作牧畜民だった。ともにミルクの香りのする人々だった。本章で中心的に述べた紀元前二五〇年から紀元後二四〇年の温暖期は、ユーラシア大陸の東西においてこのミルクの香りがする畑作牧畜文明の漢とローマが発展し、世界を支配した時代だった。ローマにあるカラカラ帝の大浴場はまるで、炎の館だった。カラカラ帝の大浴場はローマ文明の末期の西暦二一七年に、たった五年間で完成した。それは焼成レンガと石灰を交互に積み重ねて、一回に約八〇〇〇人近い人が利用できたという巨大な建築物だった。焼成レンガを焼くためにも、石灰岩を焼いて石灰を作るためにも大量の燃料が必要だった。浴場は一回二〇〇〇人近い人が二時間交代で一日四回利用した。延べ約八〇〇〇人の人が利用するためのお湯をわかし、スティーム暖房をするためには、五〇の窯で約四〇〇〇トン以上の材木がたった一日だけで使用されたと言う。そのカラカラ帝の浴場の廃墟にたつと、今でもがんがんと炎が燃やされ、体が熱くなるような錯覚を覚えた。そこは森のジェノサイド（大量虐殺）の現場だった。よくもここまで森を破壊し続けることができたものだと私は驚愕した。

ローマの都市システムは人々を魅了し、地中海世界の人々はきそってミニローマを各地に建設した。それはアメリカ型の物質エネルギー文明にあこがれ、ミニアメリカの国家が世界各地に建設されている現代と同じである。しかし、ローマ文明は自然との関係において人間の欲望をコントロールするという文明原理を文明の末期に

図46　ミルクを飲む畑作牧畜文明は動物文明だった。その代表はローマ文明だった。
ローマのコロッセウムは新世界秩序文明のシンボル。

放棄した。ローマの発展期の初期に、人々は森の破壊に際して、利用に適したモミ材だけを選択的に伐採していた。過度な乱伐はせず、自然の生態系を管理する態度もあったのではないかと言われている。(56) しかし、このカラカラ帝の浴場ができたころから無差別な乱伐がはじまった。ローマ市民の欲望の暴走がはじまったのである。

ひるがえって二〇〇〇年後に、もし我々の子孫がこの地球上にまだ生き延びて暮らしていることができたとしたら、「二〇世紀に繁栄をほこった石油化学文明は、よくもあそこまではげしく石油やガスの地下資源を収奪できたものだ」ときっと言うだろう。ローマ文明は森を徹底的に収奪し、現代文明は石油やガスの地下資源を徹底的に収奪した。自然の資源を一方的に収奪するという文明の原理は、森が石油に変わっただけで、二〇〇〇年前も現代文明も何も変わっていないのである。こうした自然との関係において欲望のコントロールの方策を失った文明は、地球の鉄槌とでも言うべき気候変動によって危機に直面する。

それを現代文明にたとえるなら、一九五〇年代からはじまるアメリカの大量生産・大量消費の文明の拡大は現代文明の最盛期にたとえられるであろう。しかし、二〇〇〇年から顕著となる中国経済の発展は、現代文明の欲望の暴走がはじまった時代であると言えるのではないか。カラカラ帝の浴場の完成に匹敵するのが、二〇〇八年の中国のオリンピックではないか。

森を破壊し続けたローマ文明は、カラカラ帝の浴場が完成してから約二〇年後の紀元後二四〇年にはじまる気候の冷涼化の影響を受け、衰亡の下り坂を転げ落ちる。この紀元後二四〇年にはじまる気候悪化はローマの穀倉地帯だった北アフリカや東地中海沿岸に大旱魃を引き起こした。それはカラカラ帝の浴場が完成してから約二〇年後の出来事であった。

同じく中国の経済発展によって欲望の暴走がはじまった現代文明も、おそらく北京オリンピックから二〇年後の二〇三〇年ごろに衰亡の兆候が明白になるのではないかと私は予測している。

一方、畑作牧畜民の欲望の暴走に追われた稲作漁撈民は不自由な山岳地帯の急傾斜地に棚田を造成し、森と水の循環系を完璧に維持するきわめて持続的な文明を発展させてきた。四〇〇〇年の東アジアの歴史はミトコンドリアDNAハプロタイプM８ａの遺伝子を持つ漢民族の祖先につらなる畑作牧畜民に、周辺の諸民族が支配されしいたげられる歴史であった。漢民族の欲望の暴走の陰でいつもしいたげられ、わりをくわされてきたのは稲作漁撈民や周辺の少数民族・日本人であった。「第一次稲作漁撈文明センター」、「第二の稲作漁撈文明センター」そして「第三次稲作漁撈文明センター」の拡大と発展の背景には、気候変動と民族移動による稲作漁撈民の逃避の歴史が隠されていたのである。それは「力と闘争の文明」による「美と慈悲の文明」の圧迫と殺戮、畑作牧畜民による支配と侵略の歴史でもあった。しかしもう稲作漁撈民は逃避する場所がなくなった。二一世紀の未来に再び同じことが繰り返されたら、稲作漁撈民は自滅するしかないであろう。二一世紀の未来にそのような悲劇の再来を引き起こさないためにも、私たちは畑作牧畜民の欲望の暴走にブレーキをかける方策を真剣に模索する必要がある。

自然との関係において欲望をコントロールする文明原理を内包しない畑作牧畜民の文明は、欲望を暴走化させ、地球の自然を破壊しつくした時、地球の鉄槌とでもいうべき気候変動に直面して崩壊していった。化石燃料の収奪の限りを尽くして、熱帯雨林を破壊し、地球の生きとし生けるものの命を奪いつくして、その果てに地球温暖化の危機を目前にしても、いまだに欲望の暴走を止められない現代は、まさにローマ文明や漢帝国の衰亡の時代状況ときわめて酷似したものである。

その畑作牧畜民の文明の欲望の暴走の時代に、「東アジアの肥沃な大三角形地帯」には、一万年以上の長きにわたって大地を砂漠に変えることなく、生物多様性を維持しながら持続的に生きてきた稲作漁撈民の文明が存在したことが明らかとなってきた。稲作漁撈文明は自然との関係において自らの欲望をコントロールする文明システムを内包し、森と水の循環系を維持し、生物の多様性を維持し、おだやかな「美と慈悲の文明」を構築してきた。欲望の暴走をコントロールし、自然と共存可能な二一世紀の新たな文明を創造するためには、この「東アジアの肥沃な大三角形地帯」に発展してきた稲作漁撈文明の伝統とその叡智に学ぶべき時なのではあるまいか。

参考文献

(1) 安田喜憲『東西文明の風土』朝倉書店、一九九九年
(2) 安田喜憲『稲作漁撈文明』雄山閣、二〇〇九年
(3) 梅原 猛・安田喜憲『長江文明の探究』新思索社、二〇〇四年
(4) 篠田謙一『日本人になった祖先たち』ＮＨＫブックス、二〇〇七年
(5) 佐藤洋一郎『稲の日本史』角川選書、二〇〇二年
(6) 阪口 豊「日本の先史・歴史時代の気候」『自然』五月号、中央公論社、一九八四年
(7) 安田喜憲「気候変動と民族移動」埴原和郎編『日本人と日本文化の形成』朝倉書店、一九九三年
(8) Sakaguchi, Y. :Evidence of the introduction of burned - field cultivation into the Japanese Central Highlands during the Jomon period. *Bull. Dept. Geogr. Univ. Tokyo*, 18, 21 - 28, 1986.
(9) 阪口 豊『尾瀬ヶ原の自然史』中公新書、一九八九年
Sakaguchi, Y. Some pollen records from Hokkaido and Sakhalin. *Bull. Dept. Geogr. Univ. Tokyo*, 21, 1-17, 1989.
(10) 中井信之・大石昭二「完新世の海水準・気候変動の地球化学的手法による研究」『名古屋大学加速記質量分析計業績報告書Ｉ』名古屋大学、一九八八年
(11) Mori, Y. : The origin and development of rice paddy cultivation in Japan based on evidence from insect and diatom fossils. In Yasuda, Y. (ed.) : *The Origins of Pottery and Agriculture*. Lustre Press and Roli Books, 273-296, 2002.
(12) Migowski, C., Stein, M., Prasad, S., Negendank, J.F.W., Agnon, A.: Holocene climate variability and cultural evolution in the Near East from the Dead Sea sedimentary record. *Quaternary Research*, 66, 421-431, 2006.

Neumann, F.H., Kagan, E.J., Schwab, M., Stein, M.: Palynology, sedimentology and palaeoecology of the late Holocene Dead Sea. ***Quaternary Science Review***, 26, 1476-1498, 2007.

(13) 安田喜憲「オリーブ栽培の起源と発展」佐々木高明編『農耕の技術と文化』集英社、一九九三年

(14) 安田喜憲『気候変動と文明の盛衰』朝倉書店、一九九〇年

(15) 安田喜憲『気候が文明を変える』岩波書店、一九九三年

(16) 安田喜憲『世界史のなかの縄文文化』雄山閣、一九八七年

(17) Ly Vanna: Early rice cultivation in the central flood plain of Cambodia. Doctoral Program in Area Studies, Graduate Division of Foreign Studies, Sophia University. The Setsutaro Kobayashi Memorial Found. A Research Paper for 2001, 61pp.

(18) Yasuda, Y. (ed.) : ***Water Civilization: From Yangtze to Khmer Civilizations***. Springer, Heidelberg, Tokyo, 2012.

(19) Matsushita, T., Matsushita, M.: Human skeletal remains unearthed from the Phum Snay archaeological site. In Yasuda, Y. (ed.) : ***Water Civilization: From Yangtze to Khmer Civilizations***. Springer, Heidelberg, Tokyo, 181-228, 2012.

(20) 金関丈夫「人種の問題」『日本考古学講座4　弥生時代』河出書房、一九五五年
金関丈夫『日本民族の起源』法政大学出版会、一九七六年

(21) 埴原和郎編『日本人はどこからきたか』小学館、一九八四年
埴原和郎編『日本人新起源論』角川書店、一九九〇年
埴原和郎「日本人集団の形成―二重構造モデル」埴原和郎編著『日本人と日本文化の形成』朝倉書店、一九九三年

(22) 山口　敏・中橋孝博編『中国江南・江淮の古代人―渡来系弥生人の原郷を訪ねる』てらぺいあ、二〇〇七年

(23) 松村博文「東南アジア人類史からみえてくる『縄文人の起源』」北の縄文文化を発信する会編『縄文人はどこからきたか?』インテリジェント・リンク、二〇一二年

(24) 松村博文「歯の形態からみた渡来系弥生人の江南起源の可能性」山口　敏・中橋孝博編『中国江南・江淮の古代人―渡来系弥生人の原郷を訪ねる』てらぺいあ、二〇〇七年

(25) 中橋孝博「古代中国江南・江淮地域の抜歯風習」山口　敏・中橋孝博編『中国江南・江淮の古代人―渡来系弥生人の原郷を訪ねる』てらぺいあ、二〇〇七年
(26) 篠田謙一「ミトコンドリアＤＮＡの研究」山口　敏・中橋孝博編『中国江南・江淮の古代人―渡来系弥生人の原郷を訪ねる』てらぺいあ、二〇〇七年
(27) Hirao, Y. and Ji-Hyun Ro : Chemical composition and lead isotope ratios ot bronze artifacts excavated in Cambodia and Thailand. In Yasuda, Y. (ed.) : *Water Civilization : From Yangtze to Khmer Civilizations*. Springer, Heidelberg, Tokyo, 247-312, 2012.
(28) 上山春平・佐々木高明・中尾佐助『続・照葉樹林文化』中公新書、一九七六年
上山春平・渡部忠世編『稲作文化』中公新書、一九八五年
(29) 吉野裕子『吉野裕子全集　第４巻　蛇』人文書院、二〇〇七年
(30) 鳥越憲三郎『倭人・倭国伝全釈』中央公論社、二〇〇四年
(31) 佐原　真・金関　恕『古代史発掘４　稲作の始まり』講談社、一九七五年
(32) 鳥越憲三郎『古代中国と倭族』中公新書、二〇〇〇年
(33) 森　浩一編『日本の古代１　倭人の登場』中央公論社、一九八五年
(34) 安田喜憲『気候変動の文明史』ＮＴＴ選書、二〇〇四年
(35) 欠端　実「説話が運ばれた道―雲南から日本へ」『比較文明研究』一二、二〇〇七年
(36) 雲南省文物考古研究所ほか編著『昆明羊圃頭墓地』科学出版社、二〇〇五年
(37) Voeun V. : Study of fish bones from Phum Snay. In Yasuda, Y. (ed.) : *Water Civilization : From Yangtze to Khmer Civilizations*. Springer, Heidelberg, Tokyo, 229-246, 2012.
(38) 保柳睦美「気候変動」福井英一郎編『朝倉地理講座　自然地理学』朝倉書店、一九七〇年
(39) 福澤仁之「ミクリガ池年縞堆積物からみた立山信仰の開始―なぜ人は立山に登ったのか」安田喜憲編著『山岳信仰と日本人』ＮＴＴ出版、二〇〇六年

(40) 福澤仁之・安田喜憲「水月湖の細粒堆積物で検出された過去2000年間の気候変動」吉野正敏・安田喜憲編『講座文明と環境 6 歴史と気候』朝倉書店、一九九五年
(41) 鈴木秀夫『気候変化と人間』大明堂、二〇〇〇年
(42) 多田狷介「黄巾の乱前史」『東洋史研究』二六―四、一九七六年
(43) 安田喜憲「大阪府河内平野における弥生時代の地形変化と人類の居住」『地理科学』二七、一九七七年
安田喜憲「倭国乱期の自然環境」『考古学研究』二三、一九七七年
(44) Allen, T.F.H., Tainter, J., Hoekstra, T.W.: *Supply-side sustainability*. Columbia University Press, New York, 2002.
Tainter, J., Crumley, C.L.: Climate, complexity, and problem solving in the Roman empire. Costanza, R. et al. (eds.) : *Sustainability or Collapse?*. The MIT Press, Cambridge, 61-75, 2007.
(45) マクニール（増田義郎ほか訳）『世界史』新潮社、一九七一年
(46) 田村実造『中国史上の民族移動期』創文社、一九八五年
(47) 佐藤彰一・松村 赴『西ヨーロッパ 上』朝日新聞社、一九九二年
(48) 坪井清足・町田 章編『日本原始美術大系6』講談社、一九七七年
(49) 安田喜憲『蛇と十字架』人文書院、一九九四年
(50) 安田喜憲『一万年前』イースト・プレス、二〇一四年
(51) 安田喜憲『日本よ森の環境国家たれ』中公叢書、二〇〇二年
(52) 安田喜憲『ミルクを飲まない文明』洋泉社歴史新書、二〇一五年
(53) 安田喜憲『環境考古学への道』ミネルヴァ書房、二〇一三年
(54) 佐々木高明『照葉樹林文化の道』NHKブックス、一九八二年
佐々木高明『照葉樹林文化とは何か』中公新書、二〇〇七年
(55) 川勝平太『文明の海洋史観』中公叢書、一九九七年
(56) 中川 毅「花粉が語る環境史」安田喜憲編『はじめて出会う日本考古学』有斐閣、一九九九年

第Ⅴ章　動物文明の神話と植物文明の神話

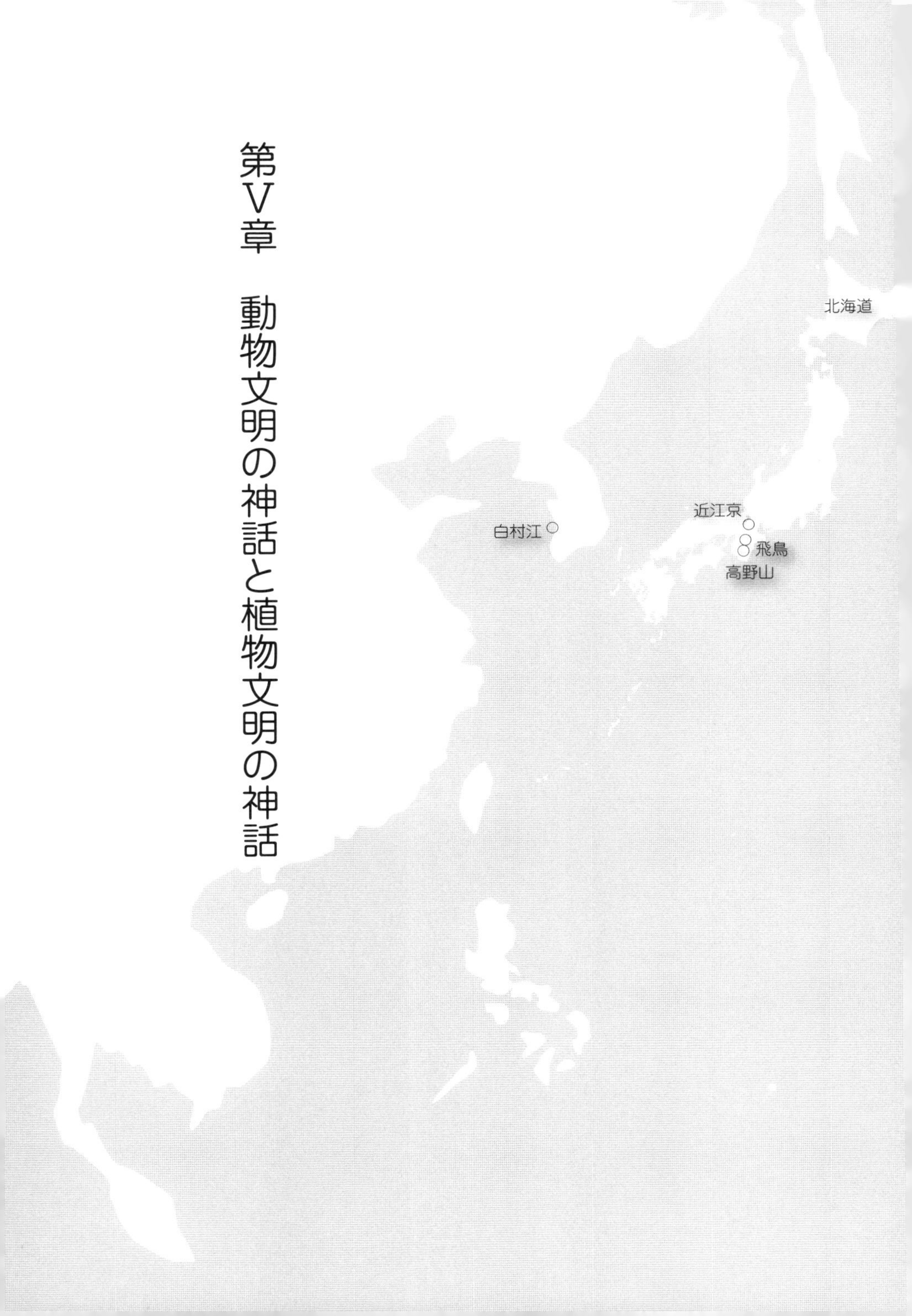

一　動物文明の神話と植物文明の神話

人間は生きるために食べなければならない

人は、生きるためには食べなければならない。食べることは、人間が生きるために必要不可欠のことがらである。だが人間が何をどのように食べるかによって、体だけでなく、神話や文化・文明のあり方にまで大きな影響がおよぶ。一神教と多神教の神話の内容にも深くかかわり、大きな影響を及ぼした。

イエスも食べることを重視したことはよく知られている。イエスは最後の晩餐にあるように、ともに食すること、とりわけイエスは身分の低い人々とともに食事をすることで、コミュニケーションの原点、愛を広げる原点とした。ところが空海は死を前にして断食した。生きとし生けるものの命を奪うことを拒否した。自らの死を悟った空海は、必要以上の命を奪う無益な殺生を回避したのである。

人間が生きる第一歩は人間が食べることである。その生きるための第一歩が、神話の内容と深くかかわっているのである。人間が何をどのように食べるかによって、心や文化・文明のあり方だけではない、実は神話のあり方にさえ大きな影響を及ぼしているのである。

何を食べるかが神話と文明を造る

何を食べるかによって、佐々木高明氏[1]は世界の食物摂取方式を五つの大類型に分類した。それをもとに、新大陸のトウモロコシやイモ類を主食とする食生活を加えて、私[2]は以下の八つの文明類型を設定した。

①「半栽培漁撈文明」は、魚介類を集団で獲ったり、クリなどの半栽培利用をしながら、野生動物の肉を食べ、食料を得ている生活に基盤をおく文明。

②「雑穀農耕文明」とは雑穀（アワとかキビ、モロコシなど）を栽培し、汁物と野生動物の肉をとる食生活に基盤を置く文明。

③「稲作漁撈文明」はコメと雑穀を栽培し、魚介類と野生動物の肉を食べる文明。

④「根栽作物漁撈文明」はバナナやイモ類を栽培し、サゴヤシなどと魚介類と野生動物の肉を食べる文明。

⑤「トウモロコシ農耕文明」はトウモロコシを主食とし、マメ類やカボチャ・落花生・トウガラシなどを栽培し、魚介類を食べ、野生動物とリャマやアルパカの肉を食べる文明。ただリャマやアルパカの乳は飲まない。

⑥「ジャガイモ農耕文明」はジャガイモ・サツマイモ・マニアクなどのイモ類を栽培して、魚介類と野生動物・リャマやアルパカの肉を食べる文明。

⑦「牧畜乳製品文明」はウシ・ヒツジ・ヤギなど家畜のミルクからバター・チーズを作りその肉を食べ、主食の小麦やオオムギは交易で手にいれる文明。

⑧「畑作牧畜文明」は麦類やマメ類を栽培し、ヒツジやヤギなどの家畜を飼って、パンを食べミルクを飲んでバターやチーズを作り肉を食べる文明。

前者①〜⑥までの文明はヒツジやヤギなどの肉食用の家畜を飼わず、バターやチーズを食べない、ミルクの香りのしない文明である。これを森の文明・植物文明グループとした。これに対し、⑦・⑧の文明は肉食用の家畜を飼い、ミルクの香りのぷんぷんする文明であり、これを家畜の文明・動物文明グループと呼んだ。

ミルクの香りがするかどうかで、八つの文明類型を大きく二つにグルーピングした。前者の①〜⑥のグループが本書でいう「美と慈悲の文明・植物文明」であり、多神教アニミズムの世界を長らく温存し、植物文明の神話を醸成した。後者の⑦・⑧のグループが「力と闘争の文明・動物文明」にあたり、一神教を生み動物文明の神話を醸成した。

一神教を生み出した動物文明の神話は、主食にはパンや麦粉を食べ、タンパク源には肉を食べ、ミルクを飲みバターやチーズをつくって食べる。つまり家畜を飼う文明であった。たとえば⑦牧畜、乳製品型の食事をしている人、あるいは大麦や小麦をつくってパンを食べて、豆類や野菜を栽培し、ヒツジやヤギを飼って、ミルクを飲んで、その肉を食べて、毛皮を利用する⑧畑作牧畜型の食事をしている人である。それは「ミルクの香りがプンプンする動物文明」であった。

日本神話も何を食べるかが創造の契機だった

六六三年白村江の戦いで唐と新羅の連合軍に惨敗した天智天皇は、九州に水城を築き瀬戸内沿岸に山城を構築して防備にそなえ、都を近江に移して畑作牧畜民の攻撃と侵略におびえなければならなかった。

稲作漁撈民としての日本人が、はじめて畑作牧畜民の恐ろしさを実感した時である。日本が国家存亡の危機に直面した時、天皇になったのは天武天皇だった。天武天皇は、飛鳥の地を根拠地として、日本を中国の属国としないために、中国の優れた律令システムを積極的に導入して、唐と対抗するとともに、新しい神話の創造（歴史の編纂）に着手したのである。

「歴史認識、神話の創造こそが日本国家の存亡に深くかかわる」ことを、天武天皇ははっきりと認識していた。

そして、天武天皇がとったもう一つの戦略は、「肉食禁止令」だった。これはコメと魚介類を食べる稲作漁撈民の文明の伝統を持った日本人が、ヒツジやヤギのミルクを飲んで肉を食べる畑作牧畜民の文明に汚染されることを防ぐ意味において、大きな役割を果たした。

人間は「何を食べるか」によって、体のみでない心のあり方、その心を反映した神話や文化・文明のあり方が大きな影響を受ける。そして神話や文化・文明だけではない、自然環境や国土のあり方、具体的には森のあり方にいたるまで大きな影響をもたらした。一神教の神話を持った人々が、世界中の森という森を破壊し尽くしたことはすでに述べたことである。(3) 天武天皇はそのことを、直感的に感じ取っていたのであろう。

現代の地球環境の危機の時代においても、この天武天皇の政策は有効である。人類が地球環境との共存という一点においてゆきづまった現在、新しい歴史と新しい神話が叙述されなければならないのである。そのためには、「何をどのように食べるか」ということが再考察されなければならないのである。

欧米の動物文明の神話からの自立を

我々が今までは古代文明だと思っていたものは、全部パンを食べて、ミルクを飲んで、肉を食べ、バターやチーズを作る、畑作牧畜民の文明、つまり動物文明だった（図46）。そして我々はその畑作牧畜民が造った動物文明の神話を、金科玉条のように扱ってきた。第二次世界大戦後、ギリシャ神話を知っていても、日本神話を知らない日本人がずいぶんたくさんいた。星座を知っていても太陽の運行に関心を注がない日本人がいた。祖父が日の出の太陽にむかって柏手を打って拝むその意味を説明する近親者はいなかった。

なぜなら、第二次世界大戦後、日本人は「泥田を這いずり回り、うんこ臭くて汚くて、封建的な支配が長く続いた稲作漁撈民が文明を持つことなどありえないし、ましてや人類の基本となるような神話を造れることなどありえない」と、思いこんでいたからである。「日本神話など取るに足らないものだ。戦争の道具になっただけではないか。それよりもギリシャ神話こそが人類の基本となる神話だ、だからまずギリシャ神話を勉強し、星座を勉強しよう」。これが欧米文明に心酔し、欧米の人々の言うことが絶対的であると信じる日本の知的エリートたちがとった態度だった。

稲作漁撈民は太陽を最高神とした。星を崇拝したのは畑作牧畜民だった。すでに吉野裕子先生[4]が指摘していたように、太陽の運行を崇拝する東西軸の神話のあとに、星を崇拝する南北軸の神話が付け加わったのである。稲作漁撈民は太陽を崇拝し、その文明軸の基本は東西にあったのである。

日本人はその西洋で造り上げられた動物文明の神話を、まったく疑うことなく信じてきた。ほんの最近まで、それが唯一の人類の基本となる神話であるとさえ信じこんできたのである。

だがそうした考えは、「長江文明の発見」によってこっぱみじんに打ち砕かれた。長江文明についての詳細は拙著(5)を参照いただきたいが、文明や神話は畑作牧畜民の独占物ではなかった。稲作漁撈民も畑作牧畜民にまけることのない、いやそれ以上の価値のある神話と文明を創造していたのである。

もちろん、欧米の植民地支配の文明概念の呪縛からまだ解放されることなく、自虐的文明史観を持ちつづけて活躍しておられる多くの日本の考古学者や歴史学者もいる。だが、それらの人々も遅かれ早かれ新たな神話や文明概念を導入しないことには、地球環境の危機の時代を生き抜く新たな文明史観や歴史観の構築はおろか、日本民族の歴史さえ正確に語り得ないにことに気づかれるであろう。

植物文明の神話と動物文明の神話

稲作漁撈民が創造した「植物文明」は、「ミルクの香りがしない文明」、ミルクを飲まない文明だった。照葉樹林文化は、「ミルクの香りがしない」(6)。乳を飲まず、肉を食べないため、タンパク源は魚介類と野生動物にもとめた。その照葉樹林地帯に花開いた文明が長江文明であり、中南米のマヤ文明やアンデス文明も「植物文明の神話」を持った文明なのである。もちろん縄文文明も「ミルクの香りがしない」(7)。

人間が生きるためにはタンパク源が要る。魚介類をタンパク源にし、豆腐や納豆などの植物タンパクを大量に摂取し、お餅などのねばねばしたものを好んで食べる。そして味噌や醤油、麹あるいは、なれ寿司のような発酵食品が大好きである。これが照葉樹林文化を育てた人々が食べたものである。

何を食べるかということは、人間の味覚や体の構造さらには嗜好だけでなく、心のあり方からはじまって神話や文化・文明のあり方にきわめて大きな影響を与えた。コメと魚介類を食べ、みそ汁を飲む食生活をとる稲作漁搾民が造り上げた「植物文明の神話」に対し、パンと肉を食べミルクを飲んでバターやチーズを作る畑作牧畜民が造り上げた「動物文明の神話」とはその内容が大きく異なった。

動物文明の神話の代表は、『ギルガメシュ叙事詩』である。それは人類が文字を使用して書いた最古の物語である。主人公のギルガメシュは、紀元前二六〇〇年頃のメソポタミアのウルクの実在の王である。ギルガメシュ王は「私は香柏（レバノンスギ）の森でフワワ（森の神フンババのこと）を征服しよう。香柏（レバノンスギ）を伐り倒し、永続するわが名をあげたいのだ」(8)と叫ぶ。そして下半身が雄牛で上半身が人間という半神半獣の友人エンキドウとともに、森の神フワワ（フンババ）を殺し、レバノンスギを手に入れるのである。最古の動物文明の神話は、森の神フンババを殺す物語だったのである。

ところが、『ギルガメシュ叙事詩』が書かれてから三〇〇〇年以上が経った養老四（七二〇）年に完成した『日本書紀』には、「スサノオノミコトはまずヒゲを抜いてほうり投げるとスギの木になり、胸毛を抜くとヒノキになり、尻の毛はマキに、眉毛はクスノキになった。その子イタケルは天下る時、多くの樹木の種を持ってきた。筑紫よりはじめて、すべての大八洲国内に種をまき青山をつくった」と書かれているのである。

ここに動物文明の神話の『ギルガメシュ叙事詩』と、植物文明の神話の『日本書紀』の決定的な相違が語られているのである。動物文明の神話のエース、ギルガメシュは友人のエンキドウとともに、森の神フンババを殺し、レバノンスギを手に入れる。これに対し、植物文明の神話のスサノオノミコトは自分の毛を抜いてスギやヒノキ、クスノキやマキなどの有用樹木を造り出したのみならず、その子のイタケルは、日本列島の各地に樹木の種を播いて、森を造り出し、その功績によって紀伊国に祀られた(9)。

このように、動物文明の神話の『ギルガメシュ叙事詩』と植物文明の神話の『日本書紀』とでは、森に対する対応が決定的に相違することがわかる。言うまでもなくこれまでの「物質・エネルギー文明」は、自然を支配し自然を収奪する動物文明の神話にその繁栄が裏打ちされていた。しかし、二一世紀、自然を支配し人間と家畜のみの王国を造ろうという動物文明の神話だけでは、はっきりと限界が見えてきた。地球環境は人間の収奪によって疲弊し、現代文明の存続さえ危うくなってきた。動物文明の神話だけでは、もう二一世紀を乗り切ることは不可能である。その時、植物文明の神話が語る世界が、新たな人類文明の未来を語りはじめたのではあるまいか。

動物文明の十戒と植物文明の十戒

誰でも知っているモーゼの十戒は、「動物文明の十戒」である。

①あなたはわたしのほかに、なにものをも神としてはならない。
②あなたは自分のために、刻んだ像を造ってはならない。
③あなたは、あなたの神、主の名をみだりに唱えてはならない。
④安息日を憶えて、これを聖とせよ。
⑤あなたの父と母を敬え。
⑥あなたは殺してはならない。
⑦あなたは姦淫してはならない。
⑧あなたは盗んではならない。
⑨あなたは隣人について偽証してはならない。
⑩あなたは隣人の家を貪ってはならない。

この動物文明の神話を代表する十戒に対して、私は不遜にも「植物文明の十戒」を提示した。(10)

①あなたは自然の中にも神を見つけなくてはならない。

②あなたは自然の中の神を敬まわなければならない。
③あなたは自然にいつも呼びかけ自然とともに生きなければならない。
④自らが安息日をとるように、自然にも安息日を与えなければならない。
⑤あなたは父と母を敬うように、自然の生きとし生けるものを敬わなければならない。
⑥あなたは自然の生き物をむやみに殺してはならない。
⑦あなたは自然も家族の一員として大切に愛さなければならない。
⑧あなたは自然の豊かさをふみにじってはならない。
⑨あなたは自然に対して嘘をついてはならない。
⑩あなたは自然を不必要に貪ってはならない。

ところが、この説をもっとも高く評価してくださったのが、全日本キリスト協会幹事の笠井恵二氏だった[11]。日本のキリスト教の重鎮の先生が評価してくださった。おそらくキリスト教も日本に伝播して日本の風土になじむ中で、「キリスト教の風土化」が引き起こされたのではあるまいか。動物文明の神話に裏打ちされた現代文明の繁栄が、もう限界にきていることに日本のキリスト教徒も気づきはじめたのではあるまいか。植物文明の神話が語る生きとし生けるものとともに、永続的に生き続けることこそが最高の喜びであることに、日本のキリスト教徒も気づきはじめたとするならば、これほどうれしいことはない。

二　何を食べるかが神話の内容を決めた

肉食禁止令は地球環境を守るためだった

二一世紀の地球環境問題の世紀を生き抜くためには、「何を食べるか」ということが重要である。小麦粉一トン造るのに淡水は一〇〇〇トン必要であるが、牛肉一トン造るのに淡水は一万二〇〇〇トンも必要なのである。肉を食べるということは、水を大量に消費するということなのである。しかし、この地球上の淡水の量は、全水量のわずか二・五パーセントにすぎず、その大半は南極や北極の氷河として存在する。

中国の一五億の人々が、腹一杯牛肉を食べるだけの淡水はもうこの地球上には残されていないのである。しかも、二一世紀の地球温暖化は、これまでのアメリカ、ウクライナあるいは南アメリカの穀倉地帯に大干ばつをもたらす可能性が高いのである。

そして二〇二五年には、地球の人口は七八億に達する。あと一〇年後には七八億の人間がわずか二・五パーセントの淡水を分け合って生きなければならない時がやってくるのだ。もう厚さ一〇センチもあるようなビーフステーキを食べる食生活は、止めなければならない。もしアメリカ人と同じ食生活をすれば、地球上の淡水で養える人口は、たった四二億にすぎない。しかし、もうすでに地球上の人口は六三億を突破している。

人間が何を食べるかは、この小さな限られた地球の中で、何人の人間が生き残れるかにかかわる切実な問題なのである。いずれ人類は、「肉食禁止令」を出さざるをえなくなるだろう。天武天皇はすでに一三〇〇年以上も前に、そのことを実行していたのである。

天武天皇の肉食禁止令によって、動物の生態系のみでなく日本の森が守られた。もし、日本人が畑作牧畜民と同じように肉好きになり、ヒツジやヤギを日本の山野に放牧していたら、日本列島の森は、とっくの昔に消滅していただろう。現実に日本でも明治維新によって、北海道でそのことが引き起こされた。北海道では、明治維新からたった一〇〇年もしない内に、四〇パーセント以上もの森が破壊されたのである。

ヒツジやヤギは森の若芽を食べ尽くし、森を破壊し森の再生を不可能にする元凶なのである。こうして、北海道をのぞいて、日本の森は守られ、その森の中に毎年毎年、二三〇〇億立方メートルの淡水が貯えられているのである。日本が「森と水の大国」として二一世紀の地球温暖化を生きることができる出発は、天武天皇の肉食禁止令にもとめられる。

明治の初めまでこの肉食禁止令を守りとおした日本人は、流域を単位にした森と水の循環系に立脚した国土利用を二〇〇〇年以上にわたって維持した。

二一世紀のきたるべき地球温暖化の危機の時代に適応できる底力は、森と水の循環系に立脚した「美と慈悲の文明」を創造する力である。日本人は「慈悲に満ちた美しい森と水の大国」を造る底力を有している。

どのように食べるかは自然へのマナーでもある

人間が何を食べるかが、地球環境問題の世紀を生き抜くカギであることを述べたが、もう一つその食べ物をどのように食べるかが重要である。

私にとって大きなショックだったのは、中国人と食事をした時であった。女性がご飯茶碗を手に持って歩きながら食べるのはまだしも、口の中に入れたものをペッペッとテーブルの脇にはき出すさまには、おぞましいの言葉を通り越した不快感があった。しかし、中国がもともとこうした礼節をわきまえない国であったわけではない。中国はもともと世界一の「礼節の国」だった。

礼節を作り出したのは中国である。その礼節の起源は長江文明にある。長江文明の玉器は礼器であると高崇文氏[12]は指摘している。さまざまな形の玉器は礼器であり、それは黄河文明の青銅器にも受け継がれた。礼節のはじまりは、稲作漁撈民の長江文明にまでさかのぼるのである。中国の礼節は六〇〇〇年以上の歴史を持っているのである。

中国の礼節の文化を作り出したのも稲作漁撈民である。稲作漁撈民がなぜ礼節を重んじたかは、稲作農業のやり方がきわめて複雑高度であったことが深くかかわっている。温暖湿潤な気候のもとでは、バクテリアや細菌が発生しやすく、清潔に食べ物を調理しないことには、病気にかかりやすかったことなどもあげられる。

中国の古典『礼記』には、三〇〇〇項目にもわたる礼に関する記述がある。食事の作法・マナーについても、こと細かに記されている。たとえば『礼記』の曲礼には、「飯をまろむること毋れ、放飯すること毋れ、流歠すること毋れ、咤食すること毋れ、骨をかむこと毋れ、魚肉を反すこと毋れ、狗に骨を投げ与ふること毋れ、固獲すること毋れ、飯を揚ぐること毋れ、黍を飯するに箸を以ってすること毋れ、かうをあらのみすること毋れ、歯を刺すこと毋れ、…」（ご飯を食べる時に手で丸めて食べてはいけない、手についたご飯をもどしてはいけない、ガブガブお茶づけのように食べてはいけない、料理にケチをつけてはいけない、骨を噛んではいけない、いったん手をつけた魚の肉をもとの皿にもどしてはいけない、食事中に犬に骨を投げ与えてはいけない、料理を全部自分のものにしてはいけない、ご飯をむさぼり食ってはいけない、黍は箸ではなくスプーンで食べる、スープを飲む時に具まで一緒に飲んではならない、楊枝をつかってはならない）等々、じつにこと細かに食事の作法が書かれている（麗澤大学井出元氏のご教示による）。

それが二〇〇〇年以上も前に書かれたことを考えると、中国文明、とりわけ稲作漁撈文明のすばらしさに驚嘆せざるをえない。同じ頃、畑作牧畜民のギリシャ文明の『オデッセイア』[13]には、何がおいしいかは語られていたが、どのように食事をするかといった作法については、何も記されていない。みんな手でちぎって食べていたのである。ヨーロッパにおいては、こうした食事の作法は一五世紀になるまで継続した。角山栄氏[14]によれば、ヨーロッパの人々がテーブルマナーを取り入れ家族で朝食をとるようになったのは一五世紀以降のことであると言うことだ。それも東洋にきた宣教師がお茶の作法を持ち帰ることによって、ヨーロッパにテーブルマナーが広まったのだと言う。

何をどのように食べるかということは、人と人の関係のみでなく、自然と人間の関係のあり方にもきわめて大きな意味を持つ。ご飯を「いただきます」といって正座して、家族で食事をいただくのが、稲作漁撈民の伝統的食事の作法である。食事の時に大きな音を出したり、口に入れたものを出したり、皿にあるおかずをあちこちつついたりすることは、無作法といってきびしくたしなめられた。最後にご飯茶碗に米粒一つ残っていてもしかられたものである。そうした食事の作法からは家族の和や絆が生まれるだけでなく、自然の産物としての恵みに感謝するという心が生まれる。この食事は大地の恵みであるという自然への感謝の念が、食事の作法にこめられているのである。(3)

その中国人がなぜ今、あのような食事の作法をとるようになったのであろうか。

私の研究室で秘書をしてくれていた女性は、上海の上流階級の出身だった。彼女は「文化大革命の時、おばあさんが庭に引きずり出されて、自己反省をせまられた光景を忘れられない」という。その彼女が「小さい時に箸のあげおろしから座り方にいたるまで、厳しく食事作法をしつけられた」と言う。

その「礼節の国」を「わけなしの国」に変えてしまったのは、毛沢東による文化大革命であった。ご飯茶碗を持ち歩いて、口から食べ物を吐き出すその食事の作法は、ゆっくり食事する時間がなく、農作業の合間に忙しく食事をとらなければならない貧しい農民の食事の作法だった。それが文化大革命を契機に、中国人の食事の作法として定着したのである。貧農の文化が富農の文化を駆逐した。それが文化大革命だった。

しかし、中国では今、アメリカのハンバーガーが大人気である。この早くて安いことを売り物にするアメリカ生まれの食事にも、マナーや作法はまったく欠落している。それはいかに早く、いかに手軽に、いかに安く食事をするかを前提とした食べ方である。そこには、自然の産物をいただくという、自然の恵みへの感謝や自然に対する礼儀のひとかけらも感じることはできない。どのように食べるかは人に対するマナーだけではない、自然へのマナーでもあるのである。

中国には、すばらしい礼節の文明の伝統がある。中国の人々には、アメリカ文明の悪い食事のマナーを真似るのではなく、長江文明で培われた稲作漁撈民の文明の伝統を呼び覚ましてもらいたい。稲作漁撈民の「礼節の文化」「美と慈悲の文明」を思い出していただきたい。二一世紀地球環境を守り、人と人の心の絆を守り、平和で豊かな社会を築くためには、まず人間が何をどのように食べるかを見直す必要があるのである。

参考文献

（1）佐々木高明『地域と農耕と文化』大明堂、一九九八年
（2）安田喜憲『日本よ森の環境国家たれ』中公叢書、二〇〇二年
（3）安田喜憲『山は市場原理主義と闘っている』東洋経済新報社、二〇〇九年
（4）吉野裕子『隠された神々』河出文庫、二〇一四年
（5）梅原　猛・安田喜憲『長江文明の探究』新思索社、二〇〇四年
安田喜憲『稲作漁撈文明』雄山閣、二〇〇九年
（6）佐々木高明『照葉樹林文化の道』ＮＨＫブックス、一九八二年
（7）安田喜憲『ミルクを飲まない文明』洋泉社歴史新書、二〇一五年
（8）月本昭夫訳『ギルガメシュ叙事詩』岩波書店、一九九六年
（9）安田喜憲『東西文明の風土』朝倉書店、一九九九年
（10）安田喜憲『蛇と十字架』人文書院、一九九四年
（11）笠井恵二『自然的世界とキリスト教』新教出版社、一九九九年
（12）高崇文・安田喜憲編著『長江流域青銅文化研究』科学出版社、二〇〇二年
（13）ホメーロス（呉茂一訳）『オデュッセイアー　上・下』岩波文庫、一九七一年・一九七二年
（14）角山　栄「日本文明は世界平和のために何を発信できるか」山折哲雄編『環境と文明』ＮＴＴ出版、二〇〇五年

第Ⅵ章　日本神話は二一世紀の未来を担う神話

一　日本神話は植物文明を代表する神話だった

日本神話のルーツは長江文明だった

日本神話はこれまで北方の黄河文明、すなわち畑作牧畜文明の視点や東南アジアとの関係から解釈されてきたが、実は南方の稲作漁撈民の神話の要素を強く持っていた。だから日本神話の体系は、長江流域の稲作漁撈民の視点からもう一度読み直されなければならないのではないかというのが本書の主張だった。しかしこれまでは、日本神話を南方の長江文明との関係で見た研究者は、吉野裕子先生[1]と鳥越憲三郎氏[2]、欠端実氏[3]そして萩原秀三郎氏[4]など限られた研究者であった。しかもこうした民俗学者は、どちらかというと学会から閉めだされたマイナーな研究者だった。

ヤマサチヒコとトヨタマヒメの孫が、初代の天皇、神武である。神武天皇が熊野から大和に向かう途中で道に迷った時に、鳥がやってきて道案内をするという有名な話があった。熊野神社にはヤタガラスという、三本足の鳥がご神体になっているが、このヤタガラスも長江から来たものであった。

神道は柱を大事にした。伊勢神宮の心の御柱、熱田神宮の五柱、あるいは諏訪大社の御柱、皆、柱を大事にした。それも長江と同じであった。鳥を崇拝し、柱を崇拝する。そして何よりも神道の最高神は太陽神アマテラスオオミカミであった。伊勢の二見浦の夫婦岩は注連縄で結合されているが、その間から太陽が昇ってくる。

日本神話は、長江の稲作漁撈民の神話と非常に深い関係があった。拙著『文明の風土を問う』[5]の中で欠端実氏と私は、日本の神道、太陽を崇拝する神道と長江の神話の間には深い関係があることを指摘していた。吉野裕子先生と欠端実氏は長江文明と日本神話との間に深い関係が存在することを、すでに指摘されていたが、それはまだ私達によって長江文明の実態が明白になる以前のことで、まことに先見の明のある卓見であった。欠端氏[6]は中国の少数民族ハニ族の調査研究から、ハニ族の神話と日本神話の間に深い関係を発見され、日本神話の伝播ルートも明示されていた。それによれば雲南省からソンコイ川を下り、ベトナムのハノイにまでいったん南下した後、沿岸部にそって北上し、台湾から沖縄そして南九州へと伝播するルートが描かれていた（図45）。

長江文明が崩壊した後の南方に逃げ延びた東南アジアの神話との共通性を論じた研究は、大林太良氏(7)をはじめ多くの研究がある。大林氏(7)はウミサチヒコ・ヤマサチヒコと類似した神話がスラウエシ、小スンダ列島、マルク諸島などのインドネシアの島々に多いことに注目している。しかし、それはこれまで述べてきたように本家本元ではなく、二番煎じの文明との比較を行なっていたのである。もちろん大林氏(7)は、「薩摩隼人の系統を考える上では中国南部がきわめて重要と思われる」と述べてはいるが、同時に「インドネシア的な基層の上に、江南ないし中国南部からの影響が二次的に加わった可能性」を捨てきることができなかった。日本神話との類似性を東南アジアの基層の文化に求めたことが問題だったのである。それ故、日本神話の解釈に混乱が生じたのである。それは長江文明の存在が明白になる以前のことでいたしかたなかったことではあるとは言え、今後は日本神話は稲作漁撈民の神話であるという視点から、本家本元の長江文明との比較、それを担った中国の雲南省や貴州省の少数民族の神話との比較において研究を発展させていく必要があるだろう。

不毛の大地を豊かな大地に変える喜びを語る日本神話

図47はミャオ族とバリ島の水田と棚田である。畑作牧畜文明の人々は、こんな急傾斜のところだったら、ヒツジやヤギを放牧する。するとヒツジやヤギは草をまたたく間に食べて、禿山にしてしまう。ところが稲作漁撈民は、こんな急傾斜のところにはいつくばって、ここはおじいさんの水田、ここはお父さん、これは僕です、孫です、ひ孫ですと、営々と自らのエネルギーを不毛の大地に注ぎ込み、豊かな大地を生み出してきたのである。

不毛の大地に自らのエネルギーを注ぎ込み、豊かな大地を生み出すことに喜びを感じることができるのである。これは稲作漁撈民の喜びの大きな特徴である。

読者の中には、内モンゴルに行って植林活動をされたかたもいらっしゃると思うが、外国に植林に行くと、「何で日本人はこんな木を植えて嬉しいのか」と必ず質問される。二十五万円もの大金をはたいて自費で航空券を買って、内モンゴルまで行って、植林をする。「それで何が嬉しいんだ?」と、中国人は怪訝な顔をした。でも私達は木を植えることが嬉しいのである。何故、嬉しいのか。それは不毛の大地を豊かな大地に変えることができるからにほかならない。

そうしたことに喜びを覚えることができるのは、限られた人々、稲作漁撈民である。雲南省のトン族などは、子どもが生まれたらかならず植林をする。それは彼らが植物文明の継承者であることの証である。しかし、中国を支配している漢民族は、四〇〇〇年前に中国にやってきて以来、一度も植林をしたことはない。やっと最近になって植林を強制的にはじめさせられた。

図47　ミャオ族の水田と棚田（左）（撮影竹田武史）とバリ島の棚田（右）

命の水の循環を守った日本神話

図47の棚田をもう一度見てほしい。棚田は水の循環系が完璧に維持され、水田の中にはヤゴやゲンゴロウ、コイやフナ、あるいはドジョウ、あるいはタニシなど、生物の多様性がきちんと維持されている。水田はまた地下水をきれいにしている。美しい森と水の循環系をきちんと維持し、水が流れている限り私達はこの地球で生き続けることができるのである。

美しい水を利用をしようと思うと、他人の幸せを考える力がなければできない。自分の田んぼに入った水を全部自分で使い切ってしまったり、汚してしまったら、次の人が困る。だから水田稲作社会では、自分の使った水はきれいにして他人が使えるようにして返さないと生きていけない。そこでは、他人の利益を考える「利他の心」、あるいは他人のことを思いやる「慈悲の心」が自ずから生まれる。稲作漁撈社会は、絶えず人の幸せを考えながら生きていかないと自分も生きていけない社会なのである。この美しい「利他の心」と「慈悲の心」に満ち溢れた稲作漁撈民の世界観を書いたのが、日本神話なのである。

日本神話は「利他の心」、「慈悲の心」、「美と慈悲の文明」の心を書いたものにほかならない。それは日本民族の誇りであり、至高至上の宝物なのである。ところが現在の学校教育では、日本神話はまったく教えられていない。今や日本神話は小学校の教科書で教えられないどころか、研究の対象からも外されつつある。それでは、日本人が生きる力が湧いてこないのは当然である。未来を担う子ども達に日本神話のすばらしさを教育し、未来を生き抜く力を与えるのが、大人の役割なのではないだろうか。

自然を信じ人を信じ未来を信じる心に裏付けられた日本神話

伊勢神宮は、稲作漁撈民の信仰の頂点をなす神社である。この伊勢神宮（図48）では、二〇年ごとに式年遷宮が行なわれている。式年遷宮は六八五年に天武天皇によって制定された。天武天皇は翌年の六八六年九月九日にお亡くなりになり、実際には皇后の持統天皇が第一回目の式年遷宮を実施された。式年遷宮は二〇年ごとに伊勢神宮のお社を建て替える行事である。お社を建て替える場合、二〇年前と同じ方法でかつ同じ大きさで建て替えなければならないことが決まっている。同じ方法で建て替えるというのは、技術の伝承という面において大きな役割を果たすことが指摘されてきた。しかし、なぜ二〇年前と同じ大きさなのか。すべてが右肩上がりがよしとされる現代人には、このことがよくわからなかった。

それでも伊勢の人々は二〇年ごとに一三〇〇年もの間（途中戦国時代に一時的に中断したが）、それでも式年遷宮を続けてきたのである。マヤ文明の人々にとっても二〇は聖なる数であった。なぜなら皆さんの手の指と足の指を見られたらよくわかる。手の指一〇本と足の指一〇本をたして二〇である。二〇とは命の連鎖の基本となる数なのである。しかし、地球環境が危機的様相を示し、あと二〇年後の式年遷宮がまともに行なえるかどうかわからなくなった現代に

図48　2013年の式年遷宮で新しくなった伊勢神宮の内宮には多くの人が参拝する（左）とおそま山の200年後に伐採する２本線のはいったヒノキ（右）

なって、はじめて二〇年ごとに式年遷宮を行なうことの意味がわかったのである。二〇年というのは一世代である。おじいさんが式年遷宮をやれば、つぎの式年遷宮は子どもが、そしてその次の式年遷宮は孫がというふうに、一世代ごとに式年遷宮を行なう。この美しい地球で一三〇〇年もの間、代々遷宮を行なえるということは、なんという喜びなのか。地球環境が危機的様相を示し、二〇年先、四〇年先にはたして式年遷宮をとり行なうことができるかどうかの危機の淵に立った時、その喜びがはじめてわかったのである。稲作漁撈民にとっては、右肩上がりではなく、この美しい地球で持続的にたんたんと生き続けることこそが、もっとも重要なことなのである。

その式年遷宮には大量のヒノキ材が必要である。もちろん古いお社の材木は末社に分配され、廃棄することなく完璧にリサイクルされる。しかし、新しいお社を建てるためのヒノキ材は、飛騨などから調達する必要があった。やっと二〇一三年の式年遷宮から、伊勢神宮背後のおそま山に植林したヒノキ材を使用できるようになった。そのおそま山のヒノキの大木には、白いペンキが一本塗ってあるものと、二本塗ってあるものがあった（図48）。聞けば白いペンキを一本塗ったヒノキは百年後に、二本塗ったヒノキは二百年後に伐採するものだそうである。日本人は地球環境が危機的様相を示し、あと五〇年後に現代文明は崩壊し、百年後には人類の絶滅の危機さえささやかれている時に、百年後、二百年後の未来の自然を信じて生きているのである。

自然を信じることができるものにとって、人間を信じることはやさしい。稲作漁撈民としての日本人は自然を信じ、人間を信じそして未来を信じて生きてきたのである。

これに対して、畑作牧畜民の中国人やアングロサクソンが信用できるのは、肉親と親戚それに友達までである。中国の住宅の窓には泥棒よけの鉄格子がしてあるし、アメリカ人はピストルを手放せないのである。肉親の外側にある他人やましてやさらにその外側にある自然を信じることなど、漢民族やアングロサクソンにとっては、とうていできない話なのである。

世界が他人を信用せず、ましてや自然を信じることのできない漢民族やアングロサクソンによって支配されようという時に、日本人は人を信じ、自然を信じる心を世界に広めることが必要なのである。そうしなければ、資源をめぐる核戦争の危機の回避は困難であろう、ましてや地球環境問題の解決などほど遠い話になってしまうのである。

しかし、残念ながら構造改革の名の下に畑作牧畜民の心が日本にも蔓延し、振り込めサギなど、これまでには考えも及ばなかった犯罪が急増している。「だまされるほうが馬鹿なのだ」という風潮さえ蔓延しはじめているし、「田舎者だからだまされるのだ」というさげすみのまなざしさえ感じられるこのごろである。構造改革と規制緩和の下、お金持ちや権力を持った人々だけが有利な弱肉強食の社会が生まれつつある。

私は日本人の美しい心と日本の美しい風土が、外国資本の餌食になる今の日本の社会のあり方と趨勢に、きわめて強い危機感を抱くものである。日本人が縄文時代に一万年以上の歳月をかけて作りあげ、稲作漁撈民がその伝統を守り通してきた「人を信じ、自然を信じる心」を大切にする社会をなんとしても再構築したいのである。そうしなければ、人間よりはるかに弱い立場にある自然を救うことなどとうてい不可能だからである。

私は人を信じ、自然を信じ未来を信じる心を大切にする「日本の神道の心」「日本の仏教の心」に立脚した、生きとし生けるものの生命が輝く「生命文明の世紀」(8)を創造するために、これからも一身をなげうって行動していく覚悟である。

二　日本神話は二一世紀の未来を担う神話だ

環境調和型の持続型ライフスタイルを選択した稲作漁撈民

人間中心主義に陥らず、現世をあるがままに肯定し、そこに美しさを発見し、この現世の美しい自然、生きとし生けるものとともに生きることに最大の価値を置いた人々は稲作漁撈民だった。

ここでは、他者としての自然は命に満ち溢れていた。そこには人の命の数十倍も長生きした巨木があり、梢や林床は生き物に満ち溢れ、川や海は魚介類の宝庫だった。そこでは他者としての自然の命を畏敬し、その輝きを保障し、その他者としての自然との命の交換を続けるかぎりにおいて、自らの命も保障されたのである。それゆえアニミズムの世界、現世的秩序を重視する世界は、環境調和型の持続的なライフスタイルを継続できた。

これに対し畑作牧畜民は超越的秩序を重視した。天に唯一神を求める一神教の文明がその代表である。畑作牧畜文明のエートスが「拡大」とすれば、稲作漁撈文明のエートスは「持続」である。事実、近年の人間の環境認識の科学的分析結果においても、稲作漁撈民の創出した農村の環境が、いかに人間の体にとってすばらしい快適な環境であるかが実証されるようになった(9)。農村の風土は、人間の体にとって有益な高周波の音環境に満ちあふれていたのである。

しかしながら、これまでの文明論では、こうした現世的秩序を重視する世界は、文明を誕生させることができないと見なされてきた。文明は、超越的秩序を重視する世界の独占物であった。しかし、私たちの長江文明の発見(10)によって、こうした現世的秩序を重視する稲作漁撈民も、畑作牧畜民におとらない文明を持っていたことが明らかとなった。さらにトウモロコシやジャガイモを主食とする中南米のマヤ文明やアンデス文明もまた、現世的秩序を重視する文明だった。そこで私(11)はこれらをひっくるめて「環太平洋文明」と呼んだ。

稲作漁撈民は限られた農耕地を、集約的に耕し生産物を収穫する必要があった。水田はどこにでも作れなかった。それゆえ、畑作牧畜民のように農耕地を拡大するのではなく、限られた水田からいかに収益をあげるかが重要だった。畑作牧畜民が拡大によって生産性の向上をはかったのに対し、稲作漁撈民は持続と集約によって生産性の向上をはかった。それはどちらかといえば内向きの文明だった。

命と水の循環を維持し守る

それだけではない。水田稲作農業は水の循環系、生物の多様性を守った。そこでは超越的秩序は必要なかった。あるがままの自然、蛇そのものが、巨木そのものが、太陽そのものが崇拝された。その自然の美しさ、他者としての自然との命のやりとりのなかで、人間は十分に満足して暮らすことができた。そして複雑多様な生命世界を前にして、稲作漁撈民は超越的秩序よりも、目の前の現世的秩序を畏敬しそれに感動した。

さらに稲作農業は複雑な行程を必要とした。水田一枚つくるには、畑一枚つくるのにくらべて数十倍の労力と技術力が必要だった。命の水の循環系を考慮に入れた水平の耕地を造り、かつその耕作土は水はけを保障する良い砂質の床土と有機物に富む水田土壌で構成する必要があった。その上、種もみの選定、苗代作り、田植え、草取りと水替え、害虫の駆除、そして稲刈りと、複雑な行程が必要だった。稲作農業は、生産意欲のない奴隷では到底できないほどに、複雑かつ洗練された農業だった。

しかも、稲作は畑作に比べて連作が可能だった。水の循環さえ維持しておれば連作が可能だった。水田にはコイやフナ、ドジョウさらにはタニシが生息し、貴重なタンパク源を提供した。水田は生物多様性の宝庫だった。そのうえ水田土壌は水を浄化し、地下水まできれいに保つ役割さえはたしていた。

もちろんこうした水田稲作農業は、手間暇がかかり重労働だった。おまけに水の利用は、他人とのかかわりを強制的に意識せざるをえなかった。自分の水田にのみ水を引いてきて使い切ったり汚したりしたら、下流の人が困る。水田を作るということは、たえず他人のことを考えながら行動することを身にしみて理解しなければならなかった。すなわち、「利他の心」「慈悲の心」がなければ稲作農業社会は維持できなかった。それゆえきびしい村の掟がさだめられた。それを破ったものには村八分という厳しい制裁が加えられた。

そうした稲作農業社会を維持するための共同体のあり方が、戦後日本のマルクス主義の歴史学者や社会学者によって、封建的・非人道的遺産として攻撃され、壊滅させられた。

だが、美しく水田を利用するためには他人のことも考えるだけでなく、生きとし生ける他者の命に慈悲の心を持ってのぞまなければ、稲作漁撈社会は維持できなかった。稲作漁撈社会の維持のためには、自分の欲望の充足だけを考える人は、厳しい制裁を受けなければならなかった。この稲作漁撈民の共同体を維持する心が、地球環境問題に直面した今日、再評価されなければならないのである。なぜなら、もはやこの地球が人類の運命共同体になりつつあるからである。

桃源郷こそ究極の生命維持装置

現代世界をリードしている欧米文明は、いずれも畑作牧畜農業から出発した文明である。畑作牧畜農業は、手間隙がかからない農業である。冬雨が来る前に畑を鋤で耕し、ムギの種をまいたら、あとは収穫まで雑草を取る必要もないし、水を替える必要もない。収穫を終えた畑にはヒツジやヤギを放牧すれば、ミルクや肉それに毛皮まで取れる。

これに対し、稲作農業たいへんである。田植えの後には水を入れ替え、田の草をとり、害虫の駆除をして、やっと収穫である。子どもの頃、私も農作業を手伝った。それは苦しい労働だった。なぜ稲作農業はこんなに大変な労働を必要とするのか。その意味が最近になってやっとわかってきた。

それは自然を大切にし、自然を搾取することなく生物の多様性を維持しながら、水の循環系を守りながら人間と自然がともに共存するためには、手間隙と重労働が必要なのである。自然を守り、生物の多様性を守りながら、この大地を豊かな大地に変えるためには、手間隙と過酷な労働が必要なのである。

畑作牧畜農業に手間隙がかからないのは、この農業がきわめて自然収奪的農業であるからである。自然から一方的に収奪する農業には手間隙は必要ない。それゆえ、畑作牧畜文明の拡大にともなって、世界の森と水の循環系は徹底的に破壊し尽くされた。

なぜかくも、畑作牧畜農業は自然を収奪し水の循環系を破壊するのか。それはヒツジやヤギなどの家畜が森を食い尽くすためであった。こうして、世界の森と水の循環系は畑作牧畜農業の拡大の中で徹底的に破壊されたのである。

畑作牧畜民が荒野を前にした時に、まずすることはヒツジやヤギを放牧することである。ヒツジやヤギはまたたく間に草を根こそぎ食べ尽くし、荒野は砂漠に変わる。現代文明もまた、この自然収奪型の畑作牧畜農業の延長線上に華開いた文明である。その自然収奪型の文明が生み出したものが、ほかならぬ地球環境問題なのである。

これに対し、稲作漁撈民は不毛の荒野を前にした時に、その不毛の大地を豊かな大地に変えることに自らのエネルギーを投入する。そのことに稲作漁撈民はためらいを覚えるどころか、むしろ喜びさえ覚えるのである。これはおじいさんの水田、これはお父さんの水田、そしてこれは僕と、営々と何世代にもわたって不毛の大地を豊かな大地に変えることに喜びと満足を覚えるのである。

稲作農業がなぜ過酷な労働を必要とするのか。その理由がおわかりいただけたと思う。不毛の荒野を豊かな大地に変え、生物の多様性を温存し、水の循環系を維持し、自然と人間が調和的に、かつ何世代にもわたってこの大地で持続的に暮らすことに喜びを覚える世界を構築するためには、人間にとっても過酷な労働が必要なのはあたりまえである。自然を一方的に収奪するだけなら、過酷な労働は必要ない。

稲作漁撈民は、不毛の大地を豊かな大地に変えることに喜びを覚え、自らの全エネルギーを投入して、不毛の大地を何世代にもわたって耕し続け、この地上に自然と人間が調和して生きる桃源郷を創出することに喜びを発見してきたのである。桃源郷こそ、人間の究極の生命維持装置なのである。

この二一世紀、弱肉強食の畑作牧畜民の論理が横行し、自然と人間の関係はおろか、人間相互の関係においてさえ、「利他の心」、「慈悲の心」が消滅しはじめている。その今日ほど、稲作漁撈民が構築したアニミズムに立脚した「美と慈悲の文明」の重要性を再認識し、二一世紀の地球の平和と繁栄のために役立てていかなければならない時代は、他にないのである。(8)

稲作漁撈民が構築したアニミズムに立脚した植物文明の神話。それは現世的秩序を重視し、「利他の心」でもって他者の命に「慈悲の心」で接する神話だった。

日本神話は、二一世紀の未来の文明を担う神話なのだ。

参考文献

(1) 吉野裕子『吉野裕子全集 第一巻』人文書院、二〇〇七年
(2) 鳥越憲三郎『古代中国と倭族』中公新書、二〇〇〇年
(3) 欠端 実『聖樹と稲魂』近代文芸社、一九九六年
(4) 萩原秀三郎『稲と鳥と太陽の道』大修館書店、一九九六年
(5) 安田喜憲・松本健一・欠端 実・服部英二『文明の風土を問う』麗澤大学出版会、二〇〇六年
(6) 欠端 実「説話が運ばれた道―雲南から日本へ」『比較文明研究』一二、二〇〇七年
(7) 大林太良「日本のなかの異族」佐々木高明・大林太良編『日本文化の源流』小学館、一九九一年
(8) 安田喜憲『生命文明の世紀へ』第三文明社、二〇〇八年
(9) 大橋 力『音の文明学』岩波書店、二〇〇三年
(10) 梅原 猛・安田喜憲『長江文明の探究』新思索社、二〇〇四年
(11) 安田喜憲『ミルクを飲まない文明』洋泉社歴史新書、二〇一五年

あとがき

すばらしき人生とは、よき師とよき友そしてよき仲間と弟子達に恵まれ、よき家族に恵まれることである。自分を正しく評価してくれる環境の中で、美しい大地の生命の息吹を感じながら、生きとし生けるものと共に暮らすことが最高であるというのが私の個人的信条である。

たしかに広島大学時代は苦労の連続だった。自分が正しく評価されることなく、風土が微笑まない環境の中で私の命は輝かなかった。しかし、梅原猛先生によって国際日本文化研究センターの助教授にしていただいてからは、よき師よき友そしてよき仲間達に恵まれた。

本書を献呈する稲盛和夫先生は師と言うにはあまりにも偉大であるが、身近でご指導いただいているお一人である。

二〇一五年の春から畏友川勝平太氏が知事をしている静岡県に、「ふじのくに地球環境史ミュージアム」が設立された。そこを二一世紀の子ども達が「生きる力」を獲得する場にしたい。子ども達に未来を「生き抜く力」を与えているのは、美しい富士山とそれを仰ぎ見る日本平、駿河湾と太平洋、浜名湖、南アルプスとそこから流れ下る天竜川や富士川、安倍川そして伊豆半島をはじめとする生物多様性に満ち溢れた静岡県の風土である。ミュージアムはそのことを実感してもらう場にしたい。柿田川のように一日百万立方メートル以上の美しい湧水があふれ出る命の泉も豊富にある。静岡県が生物多様性に恵まれた県であることは、日本一の食材が四〇〇以上もあることから容易にわかる。そしてそれを食する県民は日本一の長寿を誇っているのである。静岡県は生きとし生けるものの命が輝く天国だ。その天国から我々は「生きる力」を与えられているのである。

しかし、静岡大学の隣とはいえ、「ふじのくに地球環境史ミュージアム」へのアクセスは道路も狭く、立地条件は悪い。ここに大勢の子ども達を集めるのは至難の業である。そこで考えたのは「移動ミュージアム」である。静岡県には三五市町がある。その市町の小・中学校を巡回する「移動ミュージアム」を開催し、全県をくまなく回ることにした。すなわち、「博物館は集客するもの」という発想を一八〇度ひっくりかえし、「博物館はこちらから出かけていくもの」にしたのである。川勝知事は全国で初めて「移動知事室」を開催し大成功をおさめた。「移動ミュージアム」がどんな効果をもたらすか。はたしてうまく運営できるのかどうかは、初めての試みでもあり、いまだ未知数であるが、未来を担う子ども達のために頑張ってみたい。

それを担うのはミュージアムの教授・准教授・研究員と管理部職員、それにNPOスタッフやボランティアの皆様である。熾烈な選考を勝ち抜いてこられた「ふじのくに地球環境史ミュージアム」の若い研究者達に、私は大きな期待を抱いている。自分がそうであったように、これらの若い研究者達が一二〇パーセントの実力を発揮できるような環境を造り、新たな学問分野の創造と「ふじのくに」造りに参画したいと思う。

富士山は環太平洋造山帯を代表する火山である。環太平洋には富士山によく似た火山がたくさんある。私達は静岡県をその富士山と環太平洋の山々が連携する拠点にしたい。そして富士山が日本一の最高峰であるように、富士山を仰ぎ見ながら研究と教育に従事する若き研究者達も、富士山のように日本一の、いや世界一の研究者になってくれることを切望したい。

私の能力はたいしたことはないと思うが、なぜか私とともに研究をしてくれる後継者たちはみな優秀であり、社会で活躍している。学問をするうえでもっとも重要なことは、新たな学問分野の確立と共に、それを継承発展してくれる後継者達の育成にあると思う。

本書を作成するに当たって使用した写真は特に竹田武史氏の撮影によるものである。お世話になった雄山閣編集部の桑門智亜紀氏は、私がかかわりあった雄山閣編集部の芳賀章内氏・宮島了誠氏につづく三代目の編集者である。学問の継承発展と共に編集者も継承発展されることを心より願うものである。

富士山と太平洋が美しく見える「ふじのくに地球環境史ミュージアム」にて

二〇一五年四月一九日

安田　喜憲

■著者略歴

安田喜憲（やすだ　よしのり）

1946年三重県生まれ
東北大学大学院理学研究科修了、理学博士
広島大学助手、国際日本文化研究センター教授、東北大学大学院環境科学研究科教授などを歴任
現在、ふじのくに地球環境史ミュージアム館長、立命館大学環太平洋文明研究センター長
スウェーデン王立科学アカデミー会員、紫綬褒章受章
著書に『一神教の闇』ちくま新書、『日本よ森の環境国家たれ』中公叢書、『龍の文明・太陽の文明』ＰＨＰ新書、『稲作漁撈文明』雄山閣、『山は市場原理主義と闘っている』東洋経済新報社ほか多数

2015年5月25日　初版発行　《検印省略》

環太平洋文明叢書《かんたいへいようぶんめいそうしょ》 2

日本神話《にほんしんわ》と長江文明《ちょうこうぶんめい》

著　者　安田喜憲

発行者　宮田哲男

発行所　株式会社　雄山閣

〒102-0071　東京都千代田区富士見2-6-9
TEL 03-3262-3231　FAX 03-3262-6938
振替 00130-5-1685
http://www.yuzankaku.co.jp
e-mail　info@yuzankaku.co.jp

印刷・製本　株式会社ティーケー出版印刷

N.D.C. 210　190p　21cm
ISBN978-4-639-02363-0　C0021

環太平洋文明叢書を刊行するにあたって

明治維新以来、日本は永きにわたりヨーロッパ文明の「人間中心主義の近代的価値観」やアメリカ文明の「自然を一方的に搾取し、個人の欲望を最大化するシステム」をモデルとしてきた。だがそれのみでは、もはや二一世紀の未来が描けないことは、誰の目にも明らかである。

この日本と世界の閉塞感を打ち破るために、創始一四五周年にあたる二〇一四年、立命館大学は、学祖西園寺公望の名を冠した二一世紀のグローバルリーダー育成講座「立命館西園寺塾」を開設した。それは「利他の精神」、「慈悲の心」、「生命への畏敬」、「自然との共生・循環」、「自由と平等」、「平和と安全」、「ものづくり」と「足るを知る心」など、日本やアジア太平洋地域で大切にされてきた価値観の重要性を再認識し、その上に立って二一世紀の新たな文明の時代を切り開く人材を育成することを目的とするものである。

立命館学園はアジア太平洋大学（ＡＰＵ）を創設し、日本やアジア太平洋地域の人材の育成と、その風土と歴史・伝統文化・技術や価値観そしてライフスタイルにいたるまで、世界に先駆けてその重要性に着目してきた。

この「立命館西園寺塾」の目的をより深く・広く・高度に達成するため、衣笠研究機構に「環太平洋文明研究センター」が創設された。環境と文明の在り方を根本から問い直し、新たな文明の価値観を探求・創造し、持続可能な社会であるための方策を発見し、新たな文明の時代を切り開くビジョンを提示し、それを完遂できうる技術革新と政策・ライフスタイルを打ち立てるのが本研究センターの目標である。

この環太平洋文明叢書は、新たな未来を創造する強い希望と信念を持った研究者で構成される「環太平洋文明研究センター」の研究と活動の成果を世に問うものである。時代を先駆ける知性や行動力は、私塾や新たな研究センターからこそ生まれる。この環太平洋文明叢書が二一世紀の新たな文明の時代を切り開く試金石となることを願うものである。

二〇一五年一月一日

立命館大学西園寺塾塾長
環太平洋文明研究センター長　安田喜憲